21世纪高等院校通识教育系列教材

U0657799

大学生职业生涯规划
第 2 版

邱仲潘　叶文强　傅剑波　编著

清华大学出版社
北京

内 容 简 介

本书深入浅出地介绍了如何认识社会、确定人生使命和生涯轨迹,如何认识职业、选择职业、规划职业,如何认识自己的天分、情绪和工作模式,扬长避短、顺势而为。本书在如何科学认识自我方面给出了一套经过多年摸索总结出来的简便易行、行之有效的办法。

本书不仅可以作为大中专院校的教材,而且可以作为对职业生涯规划感兴趣的读者学习生涯规划知识的读物。

图书在版编目(CIP)数据

大学生职业生涯规划/邱仲潘,叶文强,傅剑波编著. —2 版. —北京:清华大学出版社,2022.8
(2025.1重印)
21 世纪高等院校通识教育系列教材
ISBN 978-7-302-61539-2

Ⅰ. ①大… Ⅱ. ①邱… ②叶… ③傅… Ⅲ. ①大学生-职业选择-高等学校-教材 Ⅳ. ①G647.38

中国版本图书馆 CIP 数据核字(2022)第 144394 号

责任编辑:白立军
封面设计:傅瑞学
责任校对:徐俊伟
责任印制:刘 菲

出版发行:清华大学出版社
　　　　网　　　址:https://www.tup.com.cn, https://www.wqxuctang.com
　　　　地　　　址:北京清华大学学研大厦 A 座　　　　邮　　编:100084
　　　　社 总 机:010-83470000　　　　邮　　购:010-62786544
　　　　投稿与读者服务:010-62776969, c-service@tup.tsinghua.edu.cn
　　　　质量反馈:010-62772015, zhiliang@tup.tsinghua.edu.cn
　　　　课件下载:https://www.tup.com.cn, 010-83470236
印 装 者:三河市君旺印务有限公司
经　　销:全国新华书店
开　　本:185mm×230mm　　　　印　张:13　　　　字　数:223 千字
版　　次:2017 年 3 月第 1 版　　2022 年 9 月第 2 版　　印　次:2025 年 1 月第 4 次印刷
定　　价:49.00 元

产品编号:095323-01

前　言

　　2016 年编写这本书时，我们刻意融入了许多中华文化的特色亮点和自己工作生活中亲身感悟的点点滴滴。2017 年教材出版之后，我们受邀到许多高校为大学生做讲座，也在其他许多场合交流人生规划的感想，内容不仅涉及职业规划，也涉及生涯规划的其他方方面面。本书介绍如何认识自己的天分、情绪，不仅可以帮助人们选择职业，也可以帮助人们选择配偶，因为情绪和天分的互补性对婚姻家庭的凝聚力大有裨益。

　　职业生涯规划是任何一个大学生都需要学习的必修课，科学地认识自我、规划人生不仅有利于每个人扬长避短、成就人生，也能使整个社会的人才资源得到更加合理的配置和利用，这是国家、社会、学校、家庭和每个同学共同关心的焦点问题。《论语·为政》篇，子曰：吾十有五而志于学，三十而立，四十而不惑，五十而知天命，六十而耳顺，七十而从心所欲，不逾矩。这就是圣人自觉进行生涯规划的范例。

　　目前市面上生涯规划方面的书不少，但是规划的起点一定是自己，一定要有自知之明，只有知己知彼（社会需求），才能够百战不殆。现有的教材通常没有在如何科学认识自我方面给出一套行之有效的办法，而本书则不仅深入浅出地介绍了如何认识社会、确定人生使命和生涯轨迹，如何认识职业、选择职业、规划职业，更介绍了如何认识自己的天分、情绪和工作模式，如何扬长避短、顺势而为，本书亮点之一是在如何科学认识自我方面给出了一套经过多年摸索总结出来的简便易行、行之有效的办法，有利于分析一个人是否适合创业，适合什么模式，等等，对大学生创业具有指导作用。

　　本书另一个亮点是对人生不同阶段的心理压力的探索。通过明确人生不同阶段的里程碑指标帮助同学们确定每个阶段必须完成哪些工作，才能够减少心理压力，改善工作生活状态，提高工作效率与生活质量，从而成就一番事业，为社会做出更大贡献。凡事预则立，不预则废，人生不同阶段的里程碑指标不仅是做好生涯规划的重要参考系，而且为同学们建立正确的人生观提供了科学依据。

　　本书参编作者有丰富的企业工作经验，许多内容都来自一线工作的直接经验，非常实用，这也是本书的另一个亮点。

　　本书不仅可以作为大中专院校(包括高中)的教材，而且可以作为对职业生涯规划感兴趣的读者学习生涯规划知识的读物。

　　本书第 2 版增加了一些新内容，并删除了一些陈旧的知识。本书第 2 版修订过程中，杨志鹏、陈文、蔡国荣、崔智超等做了许多工作，在此深表感谢。新时代、新百年，愿本书能够成为你美妙人生的有益的参考书，为你的万里鹏程助一臂之力。

邱仲潘

2022 年 6 月

目　录

第一章　认识职业

【本章学习要点】

1. 了解事业的内涵,事业与职业的关系。

2. 了解企业与工作的实质及工作产生过程。

3. 了解人才的定义,岗位胜任素质模型的概念。

4. 掌握构成素质的基本元素及其含义。

5. 了解大学生创业须知。

6. 了解从业需要具备的基本知识与技能。

7. 了解先择业再就业的重要性。

第一节　事业与职业

一、什么是事业

1. 事业的概念

事业,简单的解释为:①所从事或经营的事情。②成就、功业、事业心。③有条理、有规模并有益于公众的事情。④特指没有生产收入,由国家、企业或私人团体开支其经费的社会工作。其中,事指自然界和社会中的现象和活动,业指国民经济中的部门或行业。

事业,百度百科的解释为:①人们所从事的,具有一定目标、规模和系统的对社会发展有影响的经常活动。②可以是特指没有生产收入,由国家经营开支,不进行经济核算的文化、教育、卫生等单位。③有时也可以指个人的成就。④有时也可以是一个家庭幸福的意义。

从以上解释不难看出:事业是一个比较广泛的概念。在本书中,我们把事业理解为:人一辈子做的那几件大事。跟"拥有自己的事业""成就一番事业"的含义一致。

2. 做事业的意义

探讨这个命题是基于"人生是有意义的"人生观和"积极心理①"。换句话说,只有人生有意义,做事业才有意义。

人类及社会的发展实际上是无数事业发展的累积,做事业可以推动人类的文明进程。例如,航天事业的发展代表了人类认识太空的最高水平,"搞航天"的人为人类探索宇宙做出了贡献;教育事业的发展反映了人类在知识传承方面的成就,教师因此享有了崇高的荣誉。

有人会问:事业有大有小,小一点的事业也是事业,也有那么大的作用吗?回答是肯定的。做事业的含义就是把事当"业"来做。"业"源于佛教,有"债"的解释②。意思是要把做事情当作还债一样。用现代的语言解释就是:把事情做到极致。做到极致的事情,必定反映了做事业的人在这个领域的智慧,至少他是这个方面的专家。

古往今来,那些事业有成的人士一直是我们的楷模,他们是人类的精英分子,备受世人景仰。向他们学习,"拥有自己的事业",然后"成就一番事业",应该是大多数人藏在心中的"梦想"。

说到梦想,好像有些可笑。因为所有的事业都需要有人来做,并没有什么门槛,但很多人却不去想、不敢想,也不敢做。这是为什么呢?概括起来,原因有三点。

第一,对自己的心愿不确定,认为不知道该做什么事业。

第二,对自己的能力没有自信,认为事业太大了,好像不是自己可以做的。

第三,习惯偷懒,认为做事业太辛苦,不愿"造业"。

对于造成以上三个问题的原因,后面的章节有详细论述。

案例 1-1

敬　业

1. 杨露禅

在陈王廷③之后的数百年间,太极拳始终是陈氏家拳,非但不传外姓,甚至只传男不

---

① 积极心理是一门从积极角度研究传统心理学研究的东西的新兴科学。作为一个研究领域的形成,以 Seligman 和 Csikzentmihalyi 于 2000 年 1 月发表的论文《积极心理学导论》为标志。

② 宋·范成大,《藻侄比课五言诗》之四:"事疑偿业债,形类窘囚拘。"

③ 陈王廷(1600—1680),字奏庭,好拳习武,陈氏太极拳创人。

传女。太极拳真正得到发展和普及，成为妇孺皆知的一个拳种，还是因为陈长兴打破门规，将陈氏家拳传给了外姓人杨露禅。在太极拳的发展史上，杨露禅是一个非常重要的人物。

关于"杨露禅陈家沟偷拳"的故事在中国民间流传很广。如今在陈家沟，最重要的遗迹之一就是"杨露禅学拳处"。传说杨露禅当年就是趴在院子外面西南角的那个土堆上偷学太极拳的。

当年，陈德瑚在河北永年县（当时的广平府）做药材生意，杨露禅是陈家药铺里的一个伙计。因为杨露禅聪明能干，又诚实忠厚，陈德瑚就把他送到老家陈家沟做工。当时陈长兴在陈家沟传授武艺，学堂就设在陈德瑚家的南院。杨露禅到陈家沟后，受当地民风的影响，很想练太极拳，但他知道陈氏太极拳不传外姓的门规，于是便在陈长兴教拳时留心观看，然后到无人处偷偷练习。功夫不负有心人，时间长了，杨露禅竟学了个八九不离十。

几年后的一天夜晚，杨露禅在练拳时，被陈长兴发现。听他练拳发出的声响和走架的身形，陈长兴知道他已经入了门。按当时武林的规矩，偷学别人的武功是犯大忌讳的，轻者要废去武功，重者连命都难保。但陈长兴为人豁达，没有这种狭隘的偏见。当他问清原委后，对杨露禅的好学精神很是赞赏，又见他平日里干活踏实，诚实聪明，当即便决定收他为徒。此后，杨露禅在陈长兴门下刻苦练功18年，终于领悟了太极的真谛，参透了陈氏太极拳的精髓。艺成之后的杨露禅先在家乡河北永年县授徒，后来被人推荐到京城清宫里教拳，因武功高强，号称"杨无敌"。

杨露禅是中国历史上第一个将太极拳事业深入推广、发扬光大的伟大武术家。他以毕生精力钻研武学，醉心拳道，讷于言而敏于行，成就威名后仍淡泊依旧，不为浮华虚荣所累，是典型的"武痴"。杨露禅最终成为武林中一代宗师，江湖上万世师表。

2. 时传祥

时传祥出生在一个贫苦农民家庭。他14岁逃荒流落到北京城郊，受生活所迫当了掏粪工。在中华人民共和国成立前，掏粪工不仅受到社会的歧视，还要受行业内部一些恶势力的压榨和盘剥。

时传祥在这些粪霸手下一干就是20年，受尽了压迫与欺凌。中华人民共和国成立后，工人阶级当家作主人使他扬眉吐气，他对党充满感激。他用一颗朴实的心记住了一个通俗的道理:掏粪也是社会主义建设事业的一部分。时传祥把掏粪当成十分光荣的劳动,以身作则,以苦为乐,不分分内分外,任劳任怨,满腔热情,全心全意为人民服务。

1952年,时传祥加入了北京市崇文区清洁队,继续从事城市清洁工作。此时,北京市人民政府为了体现对清洁工人劳动的尊重,不仅规定他们的工资高于别的行业,而且想办法减轻掏粪工人的劳动强度,把过去送粪的轱辘车全部换成汽车。运输工具改善之后,时传祥合理计算工时,挖掘潜力,把过去7个人一班的大班,改为5个人一班的小班。他带领全班由过去每人每班背50桶增加到80桶,他自己则每班背90桶,最多每班掏粪背粪达5吨。管区内居民享受到了清洁优美的环境,而他背粪的右肩却被磨出了一层厚厚的老茧,因而赢得了人们普遍尊敬,也赢得了很多荣誉。

1954年,时传祥被评为先进生产者,1956年当选崇文区人民代表,同年6月加入中国共产党。1959年,时传祥作为全国先进生产者参加了在北京召开的全国"群英会",国家主席刘少奇握着他的手,亲切地说:"你掏大粪是人民勤务员,我当主席也是人民勤务员,这只是革命分工不同。"时传祥高兴地表示:"我要永远听党的话,当一辈子掏粪工。"自此以后,他更加努力,更加热爱本职工作。

时传祥于1975年病逝,享年60岁。去世之前他还反复叮嘱,让儿子继承父志,也当一名称职的环卫工人。

二、心理压力与人生观

古话云:"预则立,不预则废①。"规划就是预设,是对未来的事情预先设计与安排。职业生涯集中反映了人生的意义与价值,是整个人生中最绚丽的时期。如何在科学的人生观指导下,正确地认识自我,并结合社会和企业的需求,对做好职业生涯规划具有重要意义。

1. 人生各阶段的几件大事

一般来说,一个人从生到死在不同阶段都经历了健康成长、学习积累、婚姻生育、事业有成、培养晚辈几件大事。

---

① 《礼记·中庸》:"凡事豫则立,不豫则废。言前定则不跲,事前定则不困,行前定则不疚,道前定则不穷。"豫,亦作"预"。

（1）婴儿期（0～3 岁）与幼儿期（4～6 岁），这个时期的孩子非常娇嫩，生存能力脆弱，健康地存活下来是头等大事，因此也特别需要被照顾。

（2）少儿期与青春期（7～20 岁），这个时期的孩子最重要的任务是学习。18 岁以后如果没有进入大学学习，也会在工作时找到师傅或接受职业培训。

（3）在基本学习任务完成后到 35 岁之前，进入实践与创新时期，这个时期的主要任务是结婚生子，努力工作，争取开创一番事业。

（4）35～50 岁是人生的贡献期，这个时期的主要任务是将自己的所学所有总结并创新，成就一番事业，为社会提供有价值的劳动。

（5）50～70 岁以后进入教导期，这个时期的人已经积累了很多宝贵经验，需要做的事情是以谦虚、包容的心态，把自己的创新成果和智慧传播给晚辈包括自己周边的人，实现叠加式传承。

（6）70 岁以上，对于一般人来说，由于心力退化，不能再担任职务，不能再贡献价值。该做的事情是正确面对衰老与死亡，并用身体和行为展示生命规律。对于各领域内发挥重大作用的杰出人物来说，由于长期积累的极高的智慧和极其丰富的经验，他们仍可以对社会发挥巨大的作用，这非常让人敬佩。

2. 关于人生观的思考

人生观是回答人生意义和人生使命的观点。

首先，我们先来思考不存在的意义是什么。不存在，就是什么都没有，是意义完全被剥夺的象征，一个不存在的东西是没有意义的。就好像你不可能知道你想象不到的事情。无论对于宇宙还是对于人自身来说，客观上，不存在，即自始至终没有意义。

然后，我们再谈人存在的意义。既然认可了我们的存在，那么我们就来看一下自己都能做些什么。首先我们得承认自己是动物，这个角色一点都不特殊，既不是神的化身，又不超脱于物质的体系，只是一个拥有原始欲望的载体，所以我们的第一步往往就是先满足衣、食、住、行等，然后才可能有余力谈其他并做出思考，因为当动物本能已经不能充分满足我们的大脑时，我们就会对生存意义进行下一步的扩展，例如探索宇宙。

这一步的意义基本上覆盖了从原始人到现代人的所有历史行为，我们人类实际上一直只做了两件事情：满足原始欲望外加探索宇宙，通俗的理解就是生存需求与发展需求。

很多人还停留在第一步,也就是为生计奔波,为七情六欲所忙碌,这个意义众所周知。第二步不是很好理解,因为对某些人而言,我们本来是没有必要去探索宇宙的,既没有人逼我们这么做,也不会由此获得特别大的额外好处,唯一的好处是可以满足我们的好奇心,因为我们发觉自身对外界的好奇心是无止境的。其实,除了满足好奇心之外,探索宇宙确实还是一件很有意义的事情,因为当探索步伐到了一定程度时,我们可以改变自己的存在状态(例如网络的虚拟交流,古人就无法想象),改变自己的寿命(如抗生素、克隆器官、生命药水等),也就是越来越接近"造物主"的形态。

人生是一场充满体验的旅程,人生的体验不仅包括通俗意义上的感官的体验,还包括意识的、精神的、灵魂的虚拟体验,后者比前者的体验给人的感受更加丰富和深刻,好比我们打字并不会获得什么肉体上的好处,时间久了还会四肢酸痛,但为了交流,我们情愿做这件对肉体不讨好的事情。这是为了什么呢?因为我们作为一个介于动物与"造物主"之间的存在,强烈地渴望满足自己的灵魂,这是人的本能之一,也是宇宙创造生命的一种先机。

活着,探索,解惑,实践,改观,继续活着,进一步探索……这个过程给予我们身心极大的满足,就好比整个人类史前进的步伐一样。"人类似乎并不需要谁来教育他们这么做,而是自发性地在这么做,与其说是寻找意义,不如说是满足自己的本能。"

通过上面的分析,可以发现人类的行为受到本能的驱使,包括寻找行为。因此,也可以说本能是一个体系。人类其实并不自由,换句话说,人类只有完成的本能。

人类存在的终极意义是什么?

关于人生的终极意义,目前大概有如下几个答案。

(1)答案一:人类不存在,问题本身没有意义。

(2)答案二:人类是被设计的,是游戏的内容,有意义也不属于人类,因此人类的存在没有终极意义。

(3)答案三:人类存在的终极意义是获得真理,得到觉悟,回归本心,为社会无私奉献。

(4)答案四:人类存在的终极意义是让生命永续存在,存在本身就是意义。

(5)答案五:人类存在的终极意义是永远没有结论的,因为不清楚需要探索寻找,因而对终极意义的回答是不知道。

(6) 答案六：有意义,暂不清楚。

你认同哪个呢?

人生使命是什么?

(1) 答案一：感受生命。回应生命的召唤,带着最大的热情投入,活出自己的全部潜能。

(2) 答案二：探索寻找。因不清楚,故不敢放弃。因为有疑问,所以去寻找。

(3) 答案三：修炼觉悟。虽然目标不清楚,但是方向很明确。

(4) 答案四：顺其自然,一代人有一代人的使命,活在当下,顺应规律,厚积薄发。

(5) 答案五：继往开来。继承文明,创造历史,探索未来,直至把不清楚的意义看清楚。

(6) 答案六：人生使命是"智慧传承",三项内容形成循环的链条：学习—创新—教导。

3. 心理压力产生的原因及解压方法

1) 心理压力的概念

物理学上的压力,是指发生在两个物体接触表面的作用力。心理学认为：压力是心理压力源和心理压力反应共同构成的一种认知和行为体验过程。现代医学早已证明,心理压力会削弱人体免疫系统,从而使外界致病因素引起肌体患病。

最新的心理学研究表明：压力是一种物理现象,心理压力也不例外,有其物理学的工作原理。心理压力是指个体行为与群体共同愿望之间因差异而形成的相互作用力。

2) 心理压力产生的原因

关于心理压力产生的根源,目前心理学大多认为是个体欲求没有得到满足造成的。他们把压力源分类为三种。

(1) 生物性压力源：躯体创伤或疾病、饥饿、睡眠剥夺、噪声、气温变化。

(2) 精神性压力源：错误的认知结构、个体不良经验、道德冲突、不良个性心理特点。

(3) 社会环境性压力源：纯社会性的,包括由自身状况造成的人际适应问题。

心理学家格拉斯通提出了会给人们带来明显压力感受的九种类型的生活变化。

(1) 就任新职、就读新的学校、搬迁新居等。

(2) 恋爱或失恋,结婚或离婚等。

(3) 生病或身体不适等。

(4) 怀孕生子,初为人父、人母。

(5) 更换工作或失业。

(6) 进入青春期。

(7) 进入更年期。

(8) 亲友死亡。

(9) 步入老年。

上述观点确实都是心理压力产生的原因,但不具备根本性。例如,结婚没有压力,没有房子(钱)结婚才有压力。怀孕生子不是问题,怎么好好抚育孩子才是问题。失业没有压力,失业后难找工作才是压力。进入青春期、更年期、生病、步入老年等,这些都是正常规律,感觉有压力纯粹是想歪了。

心理压力是"个体行为与群体共同愿望之间因差异而形成的相互作用力",这是因为,群体人格是群体的潜意识①,反映了人类的根本愿望(简称本愿),即主要通过"学习—创新—教导"螺旋式发展这种方式实现人类的整体进化。这个规律告诉我们:作为一个人诞生到人类社会,我们所做的事情,必须跟本愿一致,只有这样才没有心理压力,否则轻则产生不安,重则"压力山大",严重的将产生心理问题。

为了方便大家理解,我们设计了心理压力模型,如图 1-1 所示。

图 1-1 中,横坐标表示不同年龄段,纵坐标表示事业种类。不同的年龄段有着不同的、该做的事业(本愿),对应于图中的虚线。实线是个人的行为,表示各项任务的完成情况。任何时候,若一个人如果没有了愿望,则会处于压力最大的状态,图中用点画线表示。

由图 1-1 我们可以得到公式:

$$心理压力＝|行为偏离值－本愿|$$

压力模型提示我们,在不同的时期每个人都需要承担不同的使命,做好该做的事情。如果在该学习时不学习,在该创新时不创新,在该教导时不教导,必然处处不顺,进而给自

---

① 瑞士心理学家荣格:人格或心灵结构最底层的潜意识部分,包括世世代代活动方式和经验库存在人脑结构中的遗传痕迹。

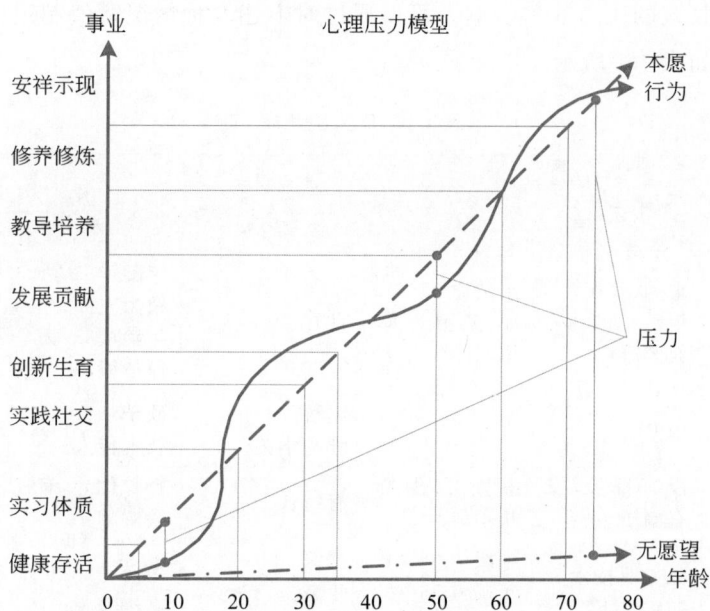

图 1-1 心理压力模型

已的家庭、同事关系、亲朋好友关系等带来不满意的状况，以致形成内心的压力。例如：

（1）体弱多病——婴幼儿时期没有科学哺育。（体质）

（2）学习成绩不好——没有学会应该掌握的知识。（学习）

（3）找工作困难——没有学会一技之长。（学习实践）

（4）社交有障碍——自我认知或修养不到位。（学习实践）

（5）年纪大了未婚——结婚意味着生子，传承后代。（创新生育）

（6）没赚到钱——没有做出对别人有特别价值的事情。（工作创新）

（7）没有事业——没有去追求对别人有益的事业。（创新发展）

（8）年纪大了没当领导或师傅——没有把自己的知识经验传授给年轻人。（教导）

3）压力测试与减压建议

（1）压力测试。

不同的心理压力产生于不同的压力源，针对成年人，来自健康、学历、特长、职称、婚育、科研、职务、收入的压力非常普遍。可以通过对上述 8 种情况赋值制定压力标准,从而实现压力自测,如表 1-1 所示。

表 1-1 压力检测表

压 力 源		压 力 值				
		2	1	0	−1	−2
体质	健康	重病、残疾;年龄≤35 岁,亚健康	年龄≥35 岁,亚健康、体质弱	良好	年龄≥35 岁,精力充沛;年龄≤35 岁,保持锻炼	修炼有成
学习	学历	中专	大专	本科拜师学艺	硕士技术传人	博士或国家级文化传人
社交	特长	没有特长,没有圈子	有爱好,但特长不显	有特长	特长优异,有社会影响	有广泛的社会影响
实践	职称	无专业技术初级以下	中级年龄≤35 岁,初级	高级年龄≤35 岁,中级	年龄≤35 岁,高级专家	专家、著名专家
生育	婚育	年龄≥35 岁,未育	年龄≥30 岁,未育年龄≥25 岁,未婚	适龄婚育	生育两子	有第三子(含义子)
创新	科研	无研究	有研究	有成果	单位表彰以上	获省级一等奖以上
教导	职务	儿女不务正业	儿女无成	授徒	高管、有徒出师、著作出版	传承学派
修养	收入	苦恼	收入不满意	满意	疏财乐助	裸捐出家

说明:

① 得分越少,压力越小,幸福感越强。压力影响能力的发挥。

② 累计小于−3 分,有成就感,相对超脱。能按自己意愿行事。

③ −3～−1 分,心态轻松,没有压力。个人能力能充分发挥。

④ 0～+3 分,有压力。影响能力发挥。

⑤ 大于+3 分,压力大。各方面能力发挥都受到影响。

（2）压力检测案例。

在有标准的情况下，通过对上述压力源项目的调查，并把它们做成图表，就可以很方便地对个体心理压力进行测评了，同时可以根据情况给予相关的减压建议。

案例 1-2

心理压力检测

某男，28岁，身体健康，硕士研究生学历，有下围棋爱好但无特长，软件工程师职称，结婚并生一子，因研发创新获得单位一等奖，目前有两名部属，收入满意。

检测结果如图 1-2 所示。

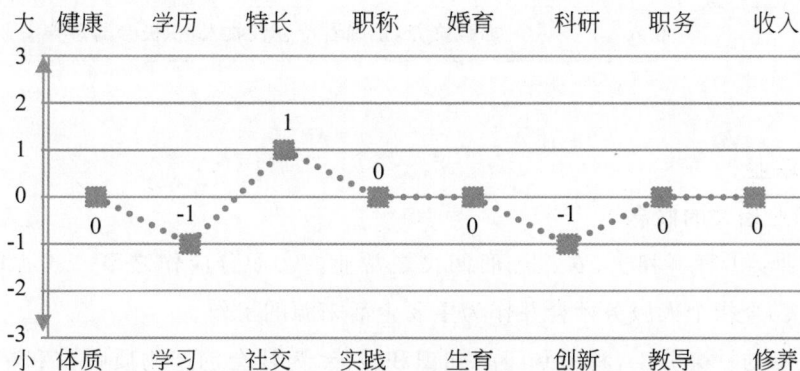

图 1-2　心理压力模型

结论：上述被测者压力指数为—1，表示心态轻松，没有压力，个人能力能充分发挥。具有良好的身体素质、充沛的精力；较高的学历、适宜的专业和相应的职务；家庭孩子安好，收入基本满意，这些因素都不构成压力，唯有人际关系（社交）方面还会遇到一些困惑与挑战。

（3）减压建议。

压力转移是解决心理压力问题的重要途径，变压力为动力是压力转移的基本原则，针对压力源项目，建议如表 1-2 所示。

表 1-2　压力检测表

压力源		压力转移建议
体质	健康	重视养生、加强锻炼、以病为师、自我医疗
学习	学历	以学习为人生使命,不断学习科学知识,提高学历水平
社交	特长	加强群体人格修养,培养爱好特长,扩展社交圈子
实践	职称	加强专业技能培训,力求在专业领域获得相应的职称
生育	婚育	建议适龄生育,实在不能生育则采取领养或认养方式
创新	科研	创新是人生价值的体现,不拘形式追求创新
教导	职务	正确教育子女,通过晋升、带徒或著书立说完成教导任务
修养	收入	加强修养,正确看待金钱收入,积极参与慈善事业

三、什么是职业

1. 与职业相关的概念

(1) 职业:①官事和士、农、工、商四民之常业。②职分应作之事。③犹职务;职掌。④犹事业。⑤今指个人服务社会并作为主要生活来源的工作。

职业是参与社会分工,利用专门的知识和技能,为社会创造物质财富和精神财富,获取合理报酬,作为物质生活来源,并满足精神需求的工作。职业包含 8 个方向:生产、加工、制造、服务、娱乐、政治、科研、教育。国家对 90 多个常见职业进行了细化分类(百度百科)。

(2) 职能:人和事物以及机构所能发挥的作用与功能。职能(Competency)是指人、事物、机构所应有的作用。人的职能是指一定职位的人完成其职务的能力;事物的职能一般等同于事物的功能;机构的职能一般包括机构所承担的职权、作用等内容(百度百科)。例如,总经办的职能,这里的职能即指总经办起到的作用。

(3) 职责:职务上应尽的责任。职责,是指任职者为履行一定的组织职能或完成工作使命,所负责的范围和承担的一系列工作任务,以及完成这些工作任务所需承担的相应责任(百度百科)。例如,"组织并主持会议是他的职责之一。"

(4)职权:职务范围以内的权力。职权是指管理职位所固有的发布命令和希望命令得到执行的一种权力(百度百科)。例如,"副总有审批 3000 元费用的职权。"

(5)职务:职位规定应该担任的工作。职务指组织内具有相当数量和重要性的一系列职位的集合或统称。如职员所具有的头衔称谓,包括职权和职责两方面内容(百度百科)。例如,"他在公司的职务是设计总监。"

(6)职位:①官位、官衔。②机关或团体中执行一定职务的位置。职位即岗位(Position),它是指机关或团体中执行一定任务的位置,即只要是企业的员工就应有其特定的职位,职位通常也称岗位(百度百科)。例如,"该公司研发部经理这个职位目前出现空缺。"

(7)职称:职务的名称。通常指技术职务的名称。职称(Professional Title)最初源于职务名称,理论上职称是指专业技术人员的专业技术水平、能力,以及成就的等级称号,是反映专业技术人员的技术水平、工作能力的标志(百度百科)。例如,"他具有高级工程师的职称。"

2. 职业的分类

1)《职业分类与代码》

参照国际标准和方法,1986 年,我国国家统计局和国家标准局首次颁布了中华人民共和国国家标准《职业分类与代码》(GB 6565—1986),并启动了编制国家统一职业分类标准的宏大工程。这次颁布的《职业分类与代码》将全国职业分为 8 个大类、63 个中类、303 个小类。1992 年,中华人民共和国劳动部会同国务院各行业部委组织编制了《中华人民共和国工种分类目录》,这个目录根据管理工作的需要,按照生产劳动的性质和工艺技术的特点,将当时我国近万个工种归并为分属 46 个大类的 4700 多个工种,初步建立起行业齐全、层次分明、内容比较完整、结构比较合理的工种分类体系,为进一步做好职业分类工作奠定了坚实基础。

2)《中华人民共和国职业分类大典》

《中华人民共和国职业分类大典》(见图 1-3)是我国第一部对职业进行科学分类的权威性文献。它的编制与国家标准《职业分类与代码》(GB 6565—1986)的修订同步进行,相

图 1-3 中华人民共和国
职业分类大典

互完全兼容。因此,它本身也就代表了国家标准。

《中华人民共和国职业分类大典》把我国职业划分为由大到小、由粗到细的 4 个层次:大类(8 个)、中类(66 个)、小类(413 个)、细类(1838 个)。细类为最小类别,即职业。8 个大类分别是:第一大类为国家机关、党群组织、企业、事业单位负责人,其中包括 5 个中类,16 个小类,25 个细类;第二大类为专业技术人员,其中包括 14 个中类,115 个小类,379 个细类;第三大类为办事人员和有关人员,其中包括 4 个中类,12 个小类,45 个细类;第四大类为商业、服务业人员,其中包括 8 个中类,43 个小类,147 个细类;第五大类为农、林、牧、渔、水利业生产人员,其中包括 6 个中类,30 个小类,121 个细类;第六大类为生产、运输设备操作人员及有关人员,其中包括 27 个中类,195 个小类,1119 个细类;第七大类为军人,其中包括 1 个中类,1 个小类,1 个细类;第八大类为不便分类的其他从业人员,其中包括 1 个中类,1 个小类,1 个细类。

为保证各地劳动力市场使用的职业分类与代码的科学和规范,有利于劳动力市场信息联网,中华人民共和国劳动和社会保障部在主持编纂《中华人民共和国职业分类大典》的同时,根据重新修订的职业分类国家标准《职业分类与代码》(GB/T 6565—2015)和《中华人民共和国职业分类大典》,制定了《劳动力市场职业分类与代码(LB 501—1999)》,并于 2002 年进行了修改。新标准《劳动力市场职业分类与代码(LB 501—2002)》分为 6 个大类,56 个中类,236 个小类,17 个细类。

3. 新兴的职业

自 2004 年 8 月中华人民共和国劳动和社会保障部建立定期官方发布新兴职业制度,至 2012 年共计发布了 120 多个新职业的信息,其中 110 个新兴职业配合有"国家职业标准"。最近一次的文件为"第十二批新职业",发布于 2009 年 11 月。

第一批:形象设计师、锁具修理工、呼叫服务员、水生哺乳动物驯养师、汽车模型工、水产养殖质量管理员、汽车加气站操作工、牛肉分级员、首饰设计制作员。(2004 年 8 月

19 日发布)

第二批：商务策划师、会展策划师、数字视频（DV）策划制作师、景观设计师、模具设计师、建筑模型设计制作员、家具设计师、客户服务管理师、宠物健康护理员、动画绘制员。（2004 年 12 月 2 日发布）

第三批：信用管理师、网络编辑员、房地产策划师、职业信息分析师、玩具设计师、黄金投资分析师、企业文化师、家用纺织品设计师、微水电利用工、智能楼宇管理师。（2005 年 3 月 31 日发布）

第四批：健康管理师、公共营养师、芳香保健师（SPA）、宠物医师、医疗救护员、计算机软件产品检验员、水产品质量检验员、农业技术指导员、激光头制造工、小风电利用工、紧急救助员。（2005 年 10 月 25 日发布）

第五批：礼仪主持人、水域环境养护保洁员、室内环境治理员、霓虹灯制作员、印前制作员、集成电路测试员、花艺环境设计师、计算机乐谱制作师、网络课件设计师、数字视频合成师。（2005 年 12 月 12 日发布）

第六批（新职业）：数控机床装调维修工、体育经纪人、木材防腐师、照明设计师、安全防范设计评估师、咖啡师、调香师、陶瓷工艺师、陶瓷产品设计师、皮具设计师、糖果工艺师、地毯设计师、调查分析师、肥料配方师。（2006 年 4 月 29 日发布）

第七批：房地产经纪人、品牌管理师、报关员、可编程序控制系统设计师、轮胎翻修工、医学设备管理师、农作物种子加工员、机场运行指挥员、社会文化指导员、宠物驯导师、酿酒师、鞋类设计师。（2006 年 9 月 21 日发布）

第八批：会展设计师、珠宝首饰评估师、创业咨询师、手语翻译员、灾害信息员、孤残儿童护理员、城轨接触网检修工、数控程序员、合成材料测试员、室内装饰装修质量检验员。（2007 年 1 月 11 日发布）

第九批：衡器装配调试工、汽车玻璃维修工、工程机械修理工、安全防范系统安装维护员、助听器验配师、豆制品工艺师、化妆品配方师、纺织面料设计师、生殖健康咨询师和婚姻家庭咨询师。（2007 年 4 月 25 日发布）

第十批：劳动关系协调员、安全评价师、玻璃分析检验员、乳品评鉴师、品酒师、坚果炒货工艺师、厨政管理师、色彩搭配师、电子音乐制作师、游泳救生员。（2007 年 11 月 22

日发布)

第十一批：动车组司机、动车组机械师、燃气轮机运行值班员、加氢精制工、干法熄焦工、带温带压堵漏工、设备点检员、燃气具安装维修工。(2008 年 5 月 28 日发布)

第十二批：皮革护理员、调味品品评师、混凝土泵工、机动车驾驶教练员、液化天然气操作工、煤气变压吸附制氢工、废热余压利用系统操作工、工程机械装配与调试工。(2009 年 11 月 12 日发布)

4.《中国含金量最高的十大职业资格证书》[①]

取消不必要的职业资格认定,是新一届国务院推进简政放权改革的重要组成部分,是降低市场准入门槛,激发市场活力,推动大众创业、万众创新的重要举措。2014 年以来,国务院分四批取消了 211 项中央部门设置的职业资格,人力资源和社会保障部同时取消了地方自行设置的各类职业资格。如今,以下 10 个证书含金量最高。

(1)国家司法考试——高薪行业入职门槛,司法从业者必备证件,初任法官、初任检察官和取得律师资格必须通过国家司法考试。

(2)注册会计师——注册会计师被认为是财会领域第一黄金职业,目前我国注会缺口仍然很大。

(3)特许金融分析师(CFA)——长久以来,CFA 一直被视为金融投资界的 MBA,在全球金融市场更为抢手。CFA 资格是国际通告的、最具权威的金融分析领域的行业标准。

(4)中国精算师——精算师的职业生涯被喻为"金领中的金领"。我国精算人才紧缺,有预测称,我国未来十年急需 5000 多名精算师。

(5)一级建筑师——注册建筑师考试是在建筑设计类单位内执行相关业务的人员需要考取的资格类证书。一级建筑师考试难度大,但薪资待遇在业界有目共睹。

(6)一级建造师——拥有一级建造师的执业资格是担任大型工程项目经理的前提条件。

(7)执业医师——执业医师资格证是判定医师是否具有从医资质的最重要标准,没

---

① 来源:会计网。

有获得执业医师资格证的所谓"医师"属于"非法行医"行为。

（8）教师——教师资格证是教育行业从业教师的必备证书,随着国家科教兴国战略的进一步实施,教师的工资和待遇将被逐步纳入国家工作人员统一管理,这意味着教师的工资将得到很大提高,与国家公务员之间收入差距不断缩小。

（9）人力资源管理师——人力资源管理是如今少数几个行情持续看涨的职业之一。

（10）心理咨询师——随着国内对于心理健康关注度的提高,心理咨询行业将越来越受到重视,这方面的人才也将被广泛需求。

四、事业和职业的关系

1. 职业与事业的区别与联系

职业与事业的共同点是要使用自己的知识、经验和能力去做一些对别人、对社会有用的事情。在内容上,职业是事业一部分,事业包含职业。

职业与事业最大的区别在于职业具有责任感,事业具有使命感。职业的责任感是被赋予的,是被动的,而事业的使命感则来自于自身的领悟,是主动的。

职业有一个认识并选择的过程,很多时候,当我们了解到这个职业前景不错,且自己也喜欢的时候,就会选择。很多人干了很多年才发现自己不是很适合这个职业。当然,职业比工作在选择上要慎重多了,工作可以随时换,但改变职业却需要谨慎得多。俗话说"男怕选错行",选行就是选职业。一旦入了行,再要改变意味着之前的行业经验积累可能不会再产生直接效用。所以,很多人选择了某个职业后,最后发现不合适也不再改变,最多再从事另一个职业（第二职业）。

事业也是选择出来的,但这种选择与职业不同。事业的选择更多的是参考了外部的环境,主要还是对自己"天赋"的觉悟。例如,某个女生天生拥有一副好嗓子,又了解人们有对歌唱艺术的需求,于是她毅然选择唱歌,把唱歌作为自己的事业,把成为一名歌唱家当作自己的理想。其中,拥有一副好嗓子是内因,了解人们有对歌唱艺术的需求是外因,在选择过程中,内因起着决定性的作用。"天生我材必有用",歌唱是我的天赋,我来到这世界,就是来唱歌的。

例如,在职场中,有些老板喜欢把员工的职业说成是事业。其实呢,事业可能是老板的事业,员工只是认同了他的事业,叫从业。又如,某人在做直销,在跟别人推销的时候,他会说"我们一起做这个事业吧",其实呢,这事对你来说就是一份销售类型的工作,最多算职业。

弄清楚事业与职业的区别其实不难,通俗一点,可以这样理解:有钱要做,没钱也要做的叫事业;有钱才做,没钱不做的叫职业。今天干了明天还想干的是事业;今天干了明天还得干的是职业。

2. 如何处理事业与职业的矛盾

1) 把职业变成事业

在这之前,大多数人是按照"工作—职业—事业"的途径发展的,即先找一份工作解决生存温饱问题,然后选择一个有发展前途且自己喜欢的行业或职业,最后才深刻认识到自己所从事职业的社会意义并把它作为自己终生的事业。

显然,在以上过程中,能够深刻认识到之前选择的职业其中的社会意义是把职业转变为事业的关键所在。如果不能认识,就谈不上在内心深处热爱这个职业以致将其升华为事业。那如何才能做到这点呢?有以下几个要点。

第一,当初选择职业不是随意的,有其必然性,我们不能以一时的兴趣或外界的因素而否定之前的决定。我们要做的就是找回那个必然性。

第二,认识自己的天赋不是以兴趣来判断的。要知道兴趣是会变的,兴趣的本质是好学,需要学的就不是最强天赋(能力)。例如,今天看到一个新的职业特别好奇,或觉得这个职业很有前途,就怀疑之前的职业选择是没有定力的表现。

第三,所有的职业都有其深刻的社会意义,而且所有的职业都必须有人从事。当你选择了这个职业就应该抱着"既来之,则安之"的心态,即使自己的天赋不在于此,也乐于接受这个职业,并把它当作自己的事业,这是一种修养,更是一种更高尚的情怀。例如,前面举的时传祥的案例。你想,天底下有谁的天赋(使命)就是掏大粪呢?时传祥是"因为觉悟所以热爱"并把掏大粪当作毕生的事业的。

2) 把事业变成职业

并不是所有的事业都能当作职业的,因为有些事业很宏大,不是一两代人就能完成的,例如"人类和平事业";有些事业很冷门,例如"皮影戏"的传承与创作。这些事业的共同特点是"不赚钱"。

当今社会是市场经济社会,经济是推动社会发展的主要方式,能找到一个赚钱的事业或把目前的事业设法变成对当下社会直接有用,这样想没什么不好。

那么,我们所选择的事业为什么不能在当下创造价值呢？原因有三点：一是事业中的文化价值没有被放大;二是事业中有一些东西已被证明不科学;三是继承传播的方式与渠道跟时尚格格不入。

找到了原因就有了相应的解决策略。

(1) 产品化——凡是事业都是继承的,不能凭空创造一个事业。同时,事业大多都以产品的形式进行变相,而产品都是有文化的,有文化就有其价值。我们必须把这些产品中的文化价值找出来并放大,使其彰显于众。例如,继承国学这个事业,从事国学培训的人就善于把国学的价值凸显出来并加以宣传。

(2) 科学化——科学是现代社会的主流,只有符合科学原则的事业才容易被大众接受。一些缺少科学依据的事业需要进行科学化处理,即用科学来诠释。例如中医理论,中医理论发展之所以受阻,源于中医的门派观念,造成了中医的理论无法融合形成科学的体系,而科学化是打破"秘方""绝技",把"黑箱"变为"白箱"的最好手段,所以要发展中医理论,科学化是方向。

(3) 市场化——一个好的产品,不但要有较高的科技含量,而且还要获得良好的市场反馈。一个产品,即使很有文化内涵,非常值得做,但如果不进行市场化运作,经过市场检验,获得市场认可,那么它就不可能与时俱进,或者说是不合时宜的。

3）职业与事业共同发展

同时拥有事业与职业是很正常的,处理得好,两者之间并不矛盾。判断一件事情是不是可以成为一个事业,要看用心投入的时间,但这并不是绝对的。因为有些人可能有两项以上的天赋;还有些人可能天赋异禀,能一心二用。还有一种情况,在强大的愿力(如立志、发誓等)支撑下,一个人在很多领域都能有所成就。

例如,有一个企业的高管,他的职业是企业管理,是一名优秀的职业经理人。在他的经历中有着不少令人自豪的业绩表现。同时,他也是一名书画家,他用业余时间把他的绘画天赋发挥得淋漓尽致,获得了行家的好评。认识他的人都说他有儒商的风范。

案例 1-3

丁俊晖的台球事业①

"2005 年 4 月 3 日,我在自己祖国的首都夺得了自己第一个斯诺克职业排名赛的冠军,这对我来说,是个重要的日子,不过,这肯定不会是我一生中最重要的日子。也许,用不了多久它就不是了……"

这是丁俊晖在自传《一杆到底:我 18 岁的冠军路》里的引言。18 岁的"台球神童"在斯诺克英国锦标赛决赛中战胜了此前曾七夺该项锦标赛冠军的老将戴维斯,摘得这项地位仅次于世锦赛的大赛桂冠,并成为英锦赛历史上第一位非英国和爱尔兰籍的冠军。8 个月,丁俊晖的确没用多久就让他人生重要的日子发生了改变,或许,这仍然不是他人生中最重要的日子。

"没有我的爸爸就没有我;没有我爸爸的前半生艰苦的经历和对我的教育,就不会有我今天在台球事业上取得的一个又一个冠军。他不仅给了我生命,更用他的双手和智慧为我踏上自己人生的旅途,奠定了坚实的基础。"与很多取得成功的人一样,父亲的言传身教对丁俊晖产生了极为深远的影响,对于他来说,父亲更像是一个 18 年来始终陪伴左右的良师益友。

1996 年,丁俊晖已经深深地迷恋上台球,作为父亲的丁文钧为了给儿子提供良好、便利的训练环境,将全部家当投资到以儿子命名的"俊晖台球城"上。为了让丁俊晖的训练与国际接轨,父亲买来一整套进口球具,因此丁俊晖从小的训练就享受着国际级的待遇,这种良好的硬件环境使他在日后参加国际比赛时,对比赛器械怀有一种特殊的亲切感和熟悉感,让他能够第一时间适应比赛环境,正常甚至超常发挥水平。不过,"俊晖台球城"因为经营不善,坚持了一年多就停业了。

尽管"俊晖台球城"赔了钱,但一年多"高规格"的系统训练却让丁俊晖的球技突飞猛进,他在南京拿到了第一个斯诺克比赛的冠军。台球运动并不发达的江苏省所举行的各级比赛以及对手的有限水平已经无法满足丁俊晖的需求,想要提高竞技水平就必须寻求

---

① 摘自教育网 www.3edu.net。

更大的发展,于是,台球发展处于全国最前端的广东省成为丁俊晖新的事业拓展地。为了还清台球城欠下的债务,为了丁俊晖在广东有更好的发展,丁文钧卖掉了家乡 80 平方米的房子,一家人挤进了东莞一间 8 平方米的简陋破旧的"鸟笼"。那是一段苦日子:门口正对厕所的小屋,夏天潮热难耐的居住环境,两元的"泥土盖饭",发霉的水果……"如果不是为了让我更好地练习台球,爸爸的生意也许不会失败,或者说我们不会一无所有",父亲毫无保留的付出让丁俊晖感触颇深,"曾经有很多很多人给予我无私的帮助,但给我帮助最大的那个人,就是我的爸爸。"

丁俊晖与台球的不解之缘源于他对台球发自内心的爱,就像他自己说的,台球深深吸引着他,他天生属于台球。但让丁俊晖决心以台球作为终生奋斗的事业的原因,却是现实的生计困扰。

东莞一家台球厅的老板曾对丁俊晖说:"我是吃饱了饭才来打球,你是为吃饱饭打球。"与父亲无话不谈的丁俊晖把一个秘密始终藏在心底:有朝一日,要靠打球赚钱让父母过上好日子。

丁俊晖放弃了学业,接受着每天高达 10 小时枯燥乏味的训练,没有休假,只有周而复始的练习。在东莞东英台球俱乐部(全国最大的台球俱乐部之一),他得到了很多高手的指点,在高水平的对抗与训练环境中,丁俊晖的技术实力已经达到相当高的水准,单杆147 分的成绩在一次训练中也变成了现实。

2002 年,丁俊晖开始在各项比赛中崭露头角:全国青少年台球锦标赛冠军、亚洲锦标赛冠军、世界青年台球锦标赛冠军、釜山亚运会冠军……中国台球的多项尴尬的零纪录也逐一被他打破,而在转为职业选手后,丁俊晖所做的事情就是将斯诺克职业排名赛的冠军和英锦赛的冠军纳入囊中,要知道,这在中国台球界都是空前的。

而今,曾经为养家糊口而苦练台球的孩子已经完成了向世界冠军的美妙转变,"内心如李昌镐,面部表情酷似亨德利,出杆节奏近似'火箭',自信性格就像乔丹。"媒体这样赞美丁俊晖。面对鲜花与掌声,性格内敛的丁俊晖却更喜欢自由自在的生活,与父亲促膝长谈,品尝母亲可口的菜肴;面对辉煌与荣誉,丁俊晖更保持着一份冷静的心态,因为他的目光早已瞄向未来的世界大赛。

第二节　企业与工作

一、企业的本质

1. 企业的概念

企业,简单的解释为:从事生产、流通或服务性经营活动,实行独立核算的经济组织。《现代汉语词典》的解释为:从事生产、运输、贸易等经济活动的部门,如工厂、矿山、铁路、公司等。

百度百科的解释为:企业一般是指以营利为目的,运用各种生产要素(土地、劳动力、资本、技术和企业家才能等),向市场提供商品或服务,实行自主经营、自负盈亏、独立核算的法人或其他社会经济组织。

企业单位一般是自负盈亏的生产性单位。所谓"自负盈亏"即自己承担亏损与盈利的后果,有一定的自主权。当前,企业单位分为国有企业、国有控股企业、外资企业、合资企业、私营企业五种类型。

在中国,企业单位跟事业单位不同。事业单位一般是国家设置的带有一定的公益性质的机构,但不属于政府机构,与公务员是不同的。在一般情况下国家会对这些事业单位予以财政补助。分为全额拨款事业单位,如学校等;差额拨款事业单位,如医院等;还有一种是自主事业单位,是国家不拨款的事业单位。

现代经济学理论认为:企业本质上是"一种资源配置的机制",其能够实现整个社会经济资源的优化配置,降低整个社会的"交易成本"。

那么,要如何理解企业的概念才比较通俗易懂呢? 我们朴素一点:"企"就是企图的意思,"业"就是事业的意思。企业的核心意思归根结底还是"企图做一番事业"。

2. 公司的运作

公司(Corporation)是企业的组织形式。一般指依法设立的、有独立的法人财产、以营利为目的的企业法人。根据现行中国公司法(2013),其两种主要形式为有限责任公司和股份有限公司。

在市场经济中,与其他市场主体(如家族企业)相比,公司有以下优点。

(1) 公司股东的有限责任决定了对公司投资的股东既可满足投资者谋求利益的需求,又可使其承担的风险限定在一个合理的范围内,增加其投资的积极性。

(2) 公司可以公开发行股票、债券,在社会上广泛集资,便于兴办大型企业。

(3) 公司实行彻底的所有权与经营权分离的原则,提高了公司的管理水平。

(4) 公司特有的组织结构形式使公司的资本、经营运作趋于利益最大化,更好地实现投资者的目的。

(5) 公司形态完全脱离个人色彩,是资本的永久性联合,股东的个人生存安危不影响公司的正常运营。

公司化运作模式包含三层含义:第一,公司化运作主体是具有独立法人财产权的公司;第二,营利是公司化运作的必要目的;第三,授权责任制是公司化运作的必要机制。良好的公司化运作模式也有三个特征:第一,产权清晰;第二,权责明确;第三,管理规范。

3. 企业的本质

企业的本质就是做事业。当一个人的力量不够时,就联合很多人一起来做。人多了,意见不容易统一,就需要有一个组织形式,于是就成立了公司。

很多人不清楚企业的本质是做事业,他们认为做企业就是为了赚钱,其实这是一种误会。"以营利为目的"只不过是实现"做事业"这个愿景的手段而已。分析如下。

最新心理学研究表明:人们的行为是由动机(愿望)决定的,而愿望包括三个层面:表层是大脑(显意识)的,如想法、观点、观念等,这种动机称为"思愿";幔层是内心(潜意识)的,如生存、满足、享受等,这种动机称为"欲愿";核层是神经(深层潜意识)的,如探索、创新、传承等,这种动机称为"本愿"。当人们不能觉悟到本愿的存在并起到核心作用的时候,就会把潜意识层面的欲愿当作第一动机。

下面的对话是笔者作为创业导师与创业青年的对话,可以帮助我们理解什么是愿望。

我问他:"你开公司为了什么?"

他说:"当然为了赚钱!"

我又问他:"那你赚钱又为了什么?"

他很聪明地回答到:"赚钱就是为了花钱呗。"

我说很好,继续问他:"那你花钱又是为了什么?"

他顺口答道:"花钱……买很多东西……可以享受生活。"

我追问:"你来到这个世界上就是为了享受吗?"

他立刻不说话了。

有人说,欲望是推动社会发展的直接动力,这个观点很有道理。欲望通过人们的日常需求表现出来。为了满足人们的需求,人们开始制造出无数的产品。欲望不歇,事业不止。人类社会几千年来发展至今,遵循的就是这个规律。可是,这个规律不是根本规律,换句话说,欲望是推动社会发展的直接动力,但却不是根本动力。根本动力来自于人类探索未知(学习)、发现规律(创新)并传承后代(教导)的本愿。

所以,企业就是做事业,公司是大家一起做事业的平台。通常,一个企业是通过选择并制造某个产品来做事业的,公司的所有运营行为也是围绕产品来开展的,包括:

(1)继承一个产品并找出热爱这个产品的深层次理由。

(2)不断提高这个产品的科技含量,为这个产品附加价值。

(3)不断提升产品质量和市场好评,以满足客户日益增长的物质文化需求。

二、工作的实质

1. 什么是工作

工作,简单的解释为:①从事体力或脑力劳动,也泛指机器、工具受人操纵而发挥生产作用:积极工作|开始工作|铲土机正在工作。②职业:找工作|工作没有贵贱之分。③业务;任务:工作量|宣传工作|工会工作|科学工作。

工作,百度百科的解释为:工作,汉语词语,具有动词、名词两种词性。作为动词用有操作、行动、运转、运作等意思。作为名词用有工程、制作、业务、任务、职业、从事各种手艺的人等意思。工作的概念是劳动生产,主要是指劳动。

在这里,我们与事业、职业的概念一致,把工作当名词看。

工作的本质是能力输出,即我们平时说的劳动,包括脑力劳动和体力劳动,而劳动的本质是把自己的能力应用于某件事情上。一般而言,大部分体力劳动应用的主要是触觉(身体能力),脑力劳动应用的主要是意觉(逻辑思维能力)和舌觉(表达能力)。

在职场中,不同人对工作有着不同的理解。有些老板认为:工作就是职能,最希望员工大包大揽。HR(人力资源)则认为:工作就是职责,最希望员工尽职尽责。有些员工则认为:工作就是每天要做的事,越具体越好。

其实,工作本身不是问题,"对实现目标无效的劳动算不算工作"才是问题。对此,老板纠结,员工也纠结,水平差一点的 HR 都解决不了这个问题。

老板心里想:我花钱请你过来工作,你的工作必须有成效,你要做出我想要的结果才对啊。为什么你每天看上去很忙的样子,做出来的东西却不是我要的东西呢?员工心里想:我花了大量时间,而且都是按职责、流程做的,做不出你想要的效果,你不能怪我的。HR 心里想:我都是按《岗位说明书》招聘、考核和要求员工的,好像没有错啊?问题的症结在哪里?大部分原因就在于沟通不到位。HR 没有准确地把老板的目的(工作目标)翻译过来,并转化为任务目标、策略和方法,因为工作分析出偏,致使《岗位说明书》不符合公司的实际需要。

2. 工作是怎样产生的

工作分析技术是一名专业的 HR 应该掌握的职业技能之一。而工作分析前期阶段就是要分析工作的来源。在这里我们用一个图形来描述工作是怎么产生的,如图 1-4 所示。

(1)创业者想做一番事业,他把事业描绘成愿景,然后考虑如何才能做到,叫战略规则。

(2)有了战略的五年规划,总监们开始分解年度目标,并把目标分类形成部门职能。

(3)部门职能确定了,部门经理开始分解本部门的目标,并按性质形成岗位任务。

(4)岗位任务确定了,HR 就可以根据任务进行工作描述,进而成为岗位职责。员工按职责要求结合相关标准与工作流程进行操作,最后形成具体工作。

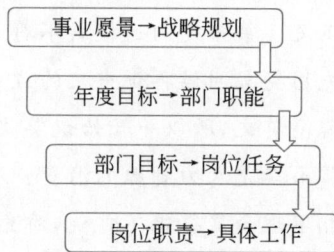

```
事业愿景→战略规划
      ↓
年度目标→部门职能
      ↓
部门目标→岗位任务
      ↓
岗位职责→具体工作
```
图 1-4 工作产生的流程

从图 1-4 不难看出,所有工作都是通过层层分解得来的,任何一个具体的工作都与事业愿景有关,与企业的战略目标有关,其中任何一个环节没有处理好,都会造成"事与愿违"的问题。

案例 1-4

如何工作才有价值①

Sala 是××大学毕业的 90 后,不仅人长得漂亮,还写得一首好字,在某五百强企业的面试中过关斩将,经过 5 个多月的努力终于成了该公司的一名管培生!三次轮岗的故事让管理者及 HR 陷入深思……

跟所有的管培生一样,Sala 被派到各个部门去轮岗,公司 HR 会根据轮岗的情况进行工作安排,Sala 被公司寄予厚望,被当成未来的商业领袖进行重点培养。

第一个月,Sala 被分配的岗位是前台,同时分配到前台的还有另外一个管培生 Lisa,她们都在前台的岗位上兢兢业业地工作。

一个月之后,HRD(人力资源发展)召开例行的周会,每个管培生都要提交一份自己的工作报告。和 Sala 一起被派到工作岗位的 Lisa 提交的报告是这样的:前台的工作让我更了解公司,增加了我对公司的自豪感和荣誉感;通过这一个月的工作,我学到了待人接物的很多礼仪。Lisa 的报告谦虚而友好,赢得了大家的掌声!

然而 Sala 在报告中这样写道:通过这一个月的工作,我发现目前的前台工作还有许多不足。第一是沟通模式不符合中国国情:作为一家在中国开办的外资公司,我们采用的先用英文问候再说中文的方式是不妥的,因为打投诉电话的顾客或者下游供应商不一定都懂英文,所以一开始说英文会让大家有一种距离感,建议先说一遍中文再说一遍英文。第二是人力资源的浪费:两个人同时做前台也是一种资源浪费,两个人都坐在前台互相不理会显得很不礼貌,难免会说话,这样给人的印象是前台总在聊天或交头接耳,而且两个人一起在前台工作的时候容易造成责任不明、相互推诿的状况。建议前台保持一个人,另一人机动轮岗:当前台中途要离开的时候,另外一个人可以接替上来……Sala 的汇报引发了大家的集体沉默。

行政主管觉得自己的工作权威受到了挑战,给 Sala 打了一个比较低的测评分,大家觉得 Sala 是一个挑事的 90 后,不懂人情世故,不懂得给主管留面子,大家开始有点不太

---

① 转自微信公众号"卓越企业家"。

喜欢她。

就这样第一个月的轮岗结束之后,Sala被分配到了仓库。一个月后,她再次提交了一份引发集体沉默的报告。

第一管理不善:她提出仓库管理员因工作清闲常嗑瓜子,然后用带着盐分的手去整理货品,这容易使外包装留下不清洁的印迹,盐分的吸湿特性也会导致产品受潮。

第二工作流程有问题:她发现库管员为了省事总是直接把新产品码进货柜,有人来领货的时候又是就近法则,就近码货、就近拿走,被领用的都是最新入库的产品,而生产日期较久远的货品被长期压在仓库的底层或者里面,造成旧的产品一直被积压到清库的时候已成过期产品或快过期的产品,只能销毁或降价处理,造成公司损失。

第三仓库改造意见:更让人受不了的是,她画了一幅仓库改造图,建议把仓库的进库和出库分两个门,把两个管理员隔开,减少她们在工作上聊天和一起吃零食的现象,把入库、出库账目分开,做清楚便于核对。建议把所有的货柜进行改造,把后部打开,入库的时候就近法则把新产品码堆,出库由相反方向,这样出库的都是相对较早入库的产品,保证了产品在流通的过程中能够在保质期内被优先卖出去。

没有管理者喜欢抱怨的员工,但是所有的管理者应该都喜欢挑完刺之后能找出完美解决方案的问题解决者!

这份报告被提交之后,库管部门的主管被总经理叫去谈了一次话,仓库的主管受到了批评。而Sala在仓库也待不下去了,同事们开始窃窃私语,觉得她未免管得太宽,太爱出风头。

第三个月,几乎没有部门欢迎Sala,她被硬性分配到了培训部。

到了培训部后,她嫌教材上的人脸图片不够漂亮,便利用业余时间把所有的教材图片重新都画了一遍,顺道把她觉得不够好的讲义也都按她的逻辑修改了一遍。

这下麻烦大了,培训经理Lewis是个自负惯了的狠角色,他拿到新教材,直接从上海飞过来就这个事情对公司进行了投诉。Sala被告擅作主张,自行其事,不尊重团队和领导,无法管理,要求除名。督导直接放话:"这种人留在公司必伤团队,她不走我走!"

Sala一句话不说,只拿出了她改过的版本和之前的,一起摊在桌上,问了管理层两个问题:第一,哪一版本更漂亮?第二,哪一个版本更容易学?当场把督导梗在那里。

然后,Sala 还加上一句:"我的工资只有你的十分之一,作为高级管理干部,你该做的不是来质问我为什么改你的教材,而是检讨自己为什么不可以做得更好?"培训督导当时脸就绿了!

接着,Sala 去了销售部,当月的业绩第一,第二名连她的一半都没有做到。过了六个月试用期之后,Sala 用了两个半月直升部门主管,两年后薪水翻了十倍,升至公司在中方的高级经理。

事后,她仍充满争议,Sala 却也不在乎,她说:"我是来做事的,不是来交朋友的。我更关注是否把事做好。我始终认为职场友情固然重要,但绝不能因此姑息包庇护短、睁一只眼闭一只眼相互放水,这样的友爱看似融洽,实则可悲,它将导致战场上不敌对手,集体阵亡!"

三、企业选用人才的标准

1. 人才的定义

人才一词出于古老的《易经》"三才之道":"《易》之为书也,广大悉备。有天道焉,有人道焉,有地道焉。兼三才而两之,故六。六者非它也,三才之道也。"

人才,简单的解释为:①人的才能。②有才学的人。③人的容貌。④指美貌女子。新编《辞海》对人才的解释是:有才识学问的人,德才兼备的人。

王鹏在《用人之道》中说:"人才,有脑力劳动者,也有体力劳动者;在有学历、文凭的人员中有,在无学历、无文凭的人员中也有。只要知识丰富,本领高强,对社会进步有贡献者,皆可成为人才。"

百度百科解释为:人才,是指具有一定的专业知识或专门技能,进行创造性劳动,并对社会做出贡献的人,是人力资源中能力和素质较高的劳动者。

上述定义虽不尽相同,但却从不同角度揭示了人才的属性:①时代性和社会性。②内在素质的优越性。③社会实践性。④普遍性和多样性。⑤劳动成果的创造性。⑥贡献的超常性。⑦能力的差异性。⑧作用的进步性。

大量的实践经验表明,人才主要包括三方面含义。

(1) 知识与经验:包括学历、专业知识和工作经验。

（2）能力与个性：基本优势能力、性格特质等。

（3）愿望与心态：人生观、价值观、事业观、工作观、金钱观、团队观等。

其中，知识与经验称为"所知"，知识面越宽越深越好，成功经验越多越好。能力与个性称为"所会"。愿望和心态就是企业关心的人品问题、修养问题、家庭问题、能否跟企业一起发展问题，这些问题都反映了人才的企图心。大部分企业不希望找一个来企业过渡的人才，也不希望找一个"偷师者"，培养一个未来的竞争对手。

2. 岗位的胜任素质

我们已经知道了岗位及其职责的产生原因，那胜任一个岗位工作所需要的什么素质呢？

素质，简单的解释为：①白色质地。②白皙的容色。③事物本来的性质。④指人的神经系统和感觉器官的先天特点。亦指素养。《辞海》对素质的定义为：①人的生理上的原来的特点。②事物本来的性质。③完成某种活动所必需的基本条件。百度百科解释为：①心理学上指人的某些先天的特点。②指人与生俱来的以及通过后天培养、塑造、锻炼而获得的身体上和人格上的性质特点。

在社会上，素质一般定义为：一个人文化水平的高低；身体的健康程度；家族遗传给自己的惯性思维能力和对事物的洞察能力，管理能力和智商、情商层次高低，以及与职业技能所达级别的综合体现。

在企业讲人才的素质，通常是指胜任素质，即胜任某个岗位所需要的素质，亦即"完成某种工作所需要的基本条件"。而"胜任素质模型"，就是指个体为完成某项工作、达成某一绩效目标所应具备的系列不同素质要素的组合。

1973 年，麦克里兰博士在《美国心理学家》杂志上发表一篇文章 *Testing for Competency Rather Than Intelligence*。在文章中，他引用大量的研究，说明滥用智力测验来判断个人能力的不合理性。并进一步说明人们主观上认为能够决定工作成绩的一些人格、智力、价值观等方面因素，在现实中并没有表现出预期的效果。因此，他强调离开被实践证明无法成立的理论假设和主观判断，回归现实，从第一手材料入手，直接发掘那些能真正影响工作业绩的个人条件和行为特征，为提高组织效率和促进个人事业成功做出实质性的贡献。他把这样发现的、直接影响工作业绩的个人条件和行为特征称为

Competency(胜任素质)。

确定胜任素质的过程需要遵循两条基本原则。

(1) 能否显著地区分工作业绩是判断一项胜任素质的唯一标准。也就是说,在实际工作中,表现优秀与表现一般的员工必须在所确认的胜任素质上有明显的、可以客观衡量的差别。

(2) 判断一项胜任素质能否区分工作业绩必须以客观数据为依据。任何主观判断、理论假设和过去的经验都必须有客观数据的支持才能成立。在确定胜任素质后,企业还需要建立能客观衡量个人胜任素质水平的测评系统。同样,测评系统的有效性也必须经过客观数据的检验,测评的结果必须能显著地区分工作业绩。在此基础上,设计胜任素质在各种人力资源管理工作中的应用。

麦克里兰博士的理论基于统计学,得出的结论就是"在这个岗位上的标杆所表现的素质就是胜任素质。"这种方法自然没错,只是工作量极大且容易出错。其根本原因在于这个系统是基于统计的,是自下而上的,没有自上而下的逻辑根源,以至造成分类模糊、概念交叉的问题。客户主管胜任素质示例如表 1-3 所示。

表 1-3　客户主管胜任素质示例

工作模块	胜任素质	评 价 维 度
管理自我	成就导向	自我愿景、勇于挑战、承受压力、追求卓越
	学习创新	学习意愿、学习策略、学以致用、创新意识
管理他人	团队管理	团队合作、部属培育、有效激励、塑造文化
	沟通协调	有效表达、用心倾听、积极反馈、冲突解决
管理任务	客户导向	服务意识、挖掘需求、有效响应、持续共赢
	计划管理	计划制订、时间管理、执行能力、结果导向

其中,在"管理他人"模块中,需要的素质分为两部分:团队管理和沟通协调。团队管理的是"有团队管理的素质",表现为"团队合作、部属培育、有效激励、塑造文化"四个点上。首先,"团队管理"是素质吗? 然后,评价团队管理素质高,就是会合作? 会培育? 会激励? 会塑造? 你或许会问:"会塑造"需要什么素质呢? 再说"沟通协调",其中有一条

评价维度是"用心倾听",倾听如何定义？如何评价"用心"？

以上分析说明,单纯从标杆反映胜任素质依然不能解决问题,必须再把素质进行一个科学的分类,同时结合人才素质测评,才能有效解决"胜任素质模型"的问题。

企业选拔任用人才通常包括知识经验、天赋个性和愿望心态三个方面,其中知识经验是外显的,天赋个性和愿望心态是内隐的;另外,知识经验和愿望心态是可变的,天赋个性是很难变的。内隐的和不易改变的要素才够条件称为"素质"。天赋与个性对应的是人与生俱来的能力和性格,足够基本,不仅是要素,更是"元素",它们共同构成了一个人的素质,如表 1-4 和表 1-5 所示。

表 1-4　素质要素一览表(一)

	器官	天赋	能力	强的天赋表现
能力	眼睛	视觉	观察	审美力强,擅长看透事物本质
	耳朵	听觉	理解	理解力强,擅长听到对方心声
	鼻子	嗅觉	探索	想象力强,擅于寻找判断机会
	口舌	舌觉	表达	说服力强,擅于表达深入人心
	身体	触觉	动手	执行力强,擅于行动把控危机
	大脑	意觉	思维	统筹力强,擅于系统逻辑思考

表 1-5　素质要素一览表(二)

	器官	情绪	影响力	强的情绪表现
性格	心脏	喜乐	博爱	爱乐心强,具有爱心,乐观开朗
	肝脏	气怒	公正	好胜心强,具有魄力,气场强大
	脾脏	忧愁	公平	得失心强,擅于权衡,利弊得失
	心包	惊怕	责任	责任心强,擅长突击,追求完美
	肾脏	恐惧	安全	敬畏心强,注重安全,追求稳妥
	肺脏	悲伤	同情	凝聚力强,做人低调,顾全大局

从表中我们不难看出,以上 12 要素跟身体感官与腑脏是一一对应的关系,比较彻底

地反映了人的素质。使用这个模型,同时结合这个岗位工作所需要的通用能力,就可以确定这个岗位胜任素质了,如客户经理的岗位胜任素质模型,如图 1-5 所示。

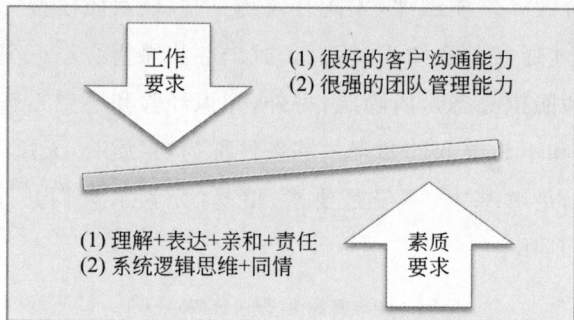

图 1-5   客户经理胜任素质模型

归纳一下,客户经理的胜任素质模型为很强的①沟通能力(听＋说);②逻辑思维能力(想);③人际亲和力(喜);④团队凝聚力(悲);⑤责任心(惊)。以上这些要素都可以对应素质元素,应用在胜任素质模型中将很好理解,也方便应用。

3. 企业识别人才的瓶颈

目前,企业识别人才主要是通过以下方式。

(1) 通过《个人简历》看人才的知识与经验。

(2) 通过《素质测评报告》看人才的天赋个性。

(3) 通过面试交流,判断人才的愿望心态。

其中主要是看简历。测评报告只能作为参考,愿望心态的判断更是凭直觉,不敢下结论。这构成了企业目前识别人才的瓶颈,但这也是没有办法的事,因为目前的测评工具发展还不够达到让人确信的程度。

看简历,老板可以看出人才的一些经历,但还是很难看出这些经历是不是全部的经历,是不是有“选择”的经历,是不是“包装”过了的经历。另外,即使是优秀的经历也是代表了这个人过去的成功,而且是过去那个时空条件下的成功,来到本企业还适用吗?

在基本能力的面试中,这个人看上去挺会说的,甚至有些收不住。这是否意味着这个人才的表达能力很强呢?还有,这个人一直强调责任心很重要,是不是他的责任心就很强呢? 其实,在我们看来,爱说的不一定口才好,口才好的不一定爱说,要说就会说到别人心里去,让别人记得很久。强调责任并不表示这个人的责任心很强,反而可能较弱,他一直强调,只不过说明他需要一个责任心强的人来配合他工作而已。强的天赋根本不须强调,弱的才会强调,就是这个道理。

那如何突破识别人才的瓶颈呢? 总结一下有以下三点。

(1)正确界定素质及其包括的要素。

(2)选择一个客观的素质测评工具。

(3)掌握判断愿望心态的基本原则。

第三节 创业与从业

一、创业需要的基本条件

1. 大众创业,万众创新

"大众创业,万众创新",最早是李克强总理在 2014 年 9 月的夏季达沃斯论坛上提出的。当时李克强总理提出,要在 960 万平方公里土地上掀起"大众创业""草根创业"的新浪潮,形成"万众创新""人人创新"的新势态。

2015 年,李克强总理在政府工作报告中又提出:"大众创业,万众创新"。政府工作报告中如此表述:推动大众创业、万众创新,"既可以扩大就业、增加居民收入,又有利于促进社会纵向流动和公平正义"。

2015 年 2 月 10 日,李克强总理邀请 60 余名外国专家举行座谈,会上他表示政府要支持"大众创业,万众创新",以简政放权的改革为市场主体释放更大空间,让国人在创造物质财富的过程中同时实现精神追求,这是本届政府一直努力的方向。

2015 年 5 月 7 日,李克强总理先后来到中国科学院和北京中关村创业大街考察调研。他强调:推动大众创业、万众创新是充分激发亿万群众智慧和创造力的重大改革举措,是实现国家强盛、人民富裕的重要途径,要坚决消除各种束缚和桎梏,让创业创新成为时代潮流,汇聚起经济社会发展的强大新动能。

大众创业、万众创新具有重要的理论意义和现实意义[①]。

(1) 揭示了创新创业理论的科学内涵和本质要求。

(2) 反映了人类创新发展历史和经济发展的一般规律。

(3) 是坚持创新发展、实施创新驱动发展战略的关键实现途径。

(4) 是推进供给创新的重大结构性改革。

当前,大众创业、万众创新的理念正日益深入人心。随着各地各部门认真贯彻落实,业界学界纷纷响应,各种新产业、新模式、新业态不断涌现,有效激发了社会活力,释放了巨大创造力,成为经济发展的一大亮点。

2. 大学生创业须知

1) 创业心态

创业是开创一番事业的意思。对于创业的概念及内涵,很多想创业的大学生的理解或多或少都有些偏差。这和社会中存在急功近利的浮躁意识有关,导致他们误认为创业就是做生意,做生意就是为了赚钱。甚至有人认为:创业就是为了自由,不受人控制。可是,以这样的心态去创业,却很容易失败。

创业的心态,说到底就是要回答"你为什么要创业?"这个问题。怎样回答这个问题呢?有三个要点必须注意。

第一,人活着不能碌碌无为,要拥有自己的事业。

第二,做事业可以有多种方式,但创业最有价值。

第三,觉悟到把自己的天赋奉献给这个事业是自己的使命。

上述表述中,第三点最为重要也比较难理解。首先什么是使命。使命即"被委派的任务"的意思,通俗说就是"天生就是做这个事情的命"。为什么?因为天生我这样的"材"(天赋)必然有所"用"处;反过来,如果没有用处,怎么会赋予我这个材呢?其次为什么是奉献。具有了天赋能力,就会使用这些能力,在使用过程中,如果对别人产生价值,就会有回报,但更多的时候天赋能力会不自觉地使用,从这个角度上看,奉献是必然的。

例如,迪士尼公司的使命是 Make the World Happy(让世界快乐起来),小米的雷军

---

① 来源:中国经济网。

觉悟到"为发烧而生"是他和小米的使命。

很多大学生创业是没有使命感的,这种情况既普通又觉得不可思议。如果没有使命感,创业者的原始动力来自于哪里?就算是赚钱吧,当钱赚到足够多时,事业还要不要做?有人采访并问过一个百亿元企业的老板:

"当时你为什么创业?"

"为了不被别人看不起。"

"那你现在还有人看不起你吗?"

"没有了,连市长看到我都恭恭敬敬的。"

"那你现在经营这家企业又是为了什么?"

——他哑口无言。

还有一个例子。有一个做工厂的老板因为炒股票赚到了钱,他郑重其事地说"这绝不是我的本事!"问:"那你的本事是什么?"他说:"把工厂做好才是我的本事。"从他的话语中,可以进一步体会到"本事"既是自己的天赋能力,又是"本来的事业"的双重含义。

2)产品选择

如果说觉悟到自己的使命是创业的内因,那么,继承一个产品然后加以创新,就是创业的外因了。创新是创业的本质。如果不创新或没有创新,就谈不上"创",只能算从业,哪怕你有钱开了一家公司,或是一个店面,如果只是模仿别人的产品或商业模式,没有自己的一点点想法,在激烈的市场竞争中也会显得毫无竞争力。所以,创业的关键在于一个"创"字。而"创"表现在以下三个方面。

(1)科技含量。

一个好产品,一般具有好的产品文化。产品的文化功能越强,其附加值越高。在现代,科技含量是产品文化的龙头,以最先进的科学技术的手段来展示产品的文化特质是判断一个产品是不是好产品的优先标准。当今社会以科学发展为主流,产品的科技含量较好地反映了以满足人们需求为目标的创新行为。科技含量意味着"人无我有"。例如,你要卖包子,你能否提高包子馅和面粉的科技含量呢?如果能做到,那么你的包子将会很有"卖点"。又如你做的是服务行业,你能否把心理学的最新研究成果运用移动互联网的手段导入服务过程呢？如果能做到,你的服务将会被客人接受并"点赞"。

(2) 产品质量。

毕竟,要求每个创业者对产品进行创新,这要求有点高,不太容易做到。这时就要考虑产品质量了。质量是一个大概念,国际标准化组织(ISO)对质量的定义是:一组固有特性满足要求的程度。所谓满足,就是应满足明示的、通常隐含的或必须履行的需要和期望,只有全面满足这些要求,才能评定为好的质量或优秀的质量。产品质量意味着"人有我优"。一般来说,质量越好的产品,价值越大,越受消费者欢迎。不断地提高产品质量不仅是为了获得市场的认可,更是每个创业者的社会责任。

(3) 市场反馈。

科技含量和产品质量是一个产品价值的内在表现,如果不具备这样的特性,那么就要考虑产品的商业模式创新了。当然,一个产品即使具有了较高的科技含量,也有很好的产品质量,但如果没有适销对路策略,短时间内也不能获得市场的认可。为此要在商业模式上予以创新。通过各种战略手段或营销手段,如应用 4P、4C、4S 等营销策略等,为产品杀开一条血路。市场反馈最明显的表现就是"人优我快"。"快鱼吃慢鱼"也有很多成功的案例,但这种情况意味着创业者将面临残酷的市场竞争。

3) 发展战略

当把市场比喻为战场,竞争对手比喻为敌人时,企业就有了战略的问题。战略,作战的谋略,指企业如何占领市场,战胜竞争对手的谋略。企业的战略包括以下七个方面。

(1) 产品定位(科技含量、产品质量、市场反馈)。

(2) 文化定位(使命、愿景、价值观等)。

(3) 业务定位(行业地位、业务类型)。

(4) 资源结构(人力资源、能力结构)。

(5) 经营模式(商业模式、管理模式)。

(6) 核心竞争力(竞争对手一时无法模仿的能力)。

(7) 分配方式(利润、利益、荣誉分配机制)。

企业战略与企业文化的关系如图 1-6 所示。

企业的战略规划是每一个创业者不得不考虑的问题,建议把这些问题做一个列表,一

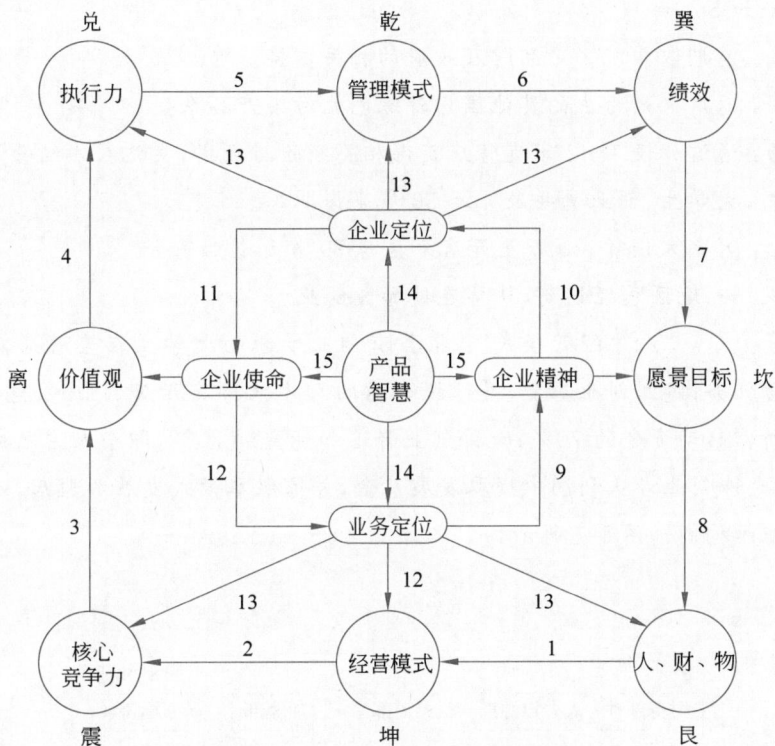

图 1-6 企业战略与企业文化的关系

个一个地回答,最后才有可能形成一份比较完整的《创业计划书》。

案例 1-5

绿阳康品绿色食品有限公司战略规划(纲要)

企业使命——帮助有志者实现创业梦想。

企业愿景——成为国内外著名的绿色食品连锁大卖场。

企业价值观——梦想、勤劳、和谐、发展。

企业定位——集产、供、销、运为一体的大型商贸集团。

业务定位——环保农产品销售。

资源组合如下。

(1) 政策：前期依靠×××品牌及政府的相关支持。

(2) 产品：以×××为主的其他国内外绿色无污染产品系列。

(3) 市场：通过开设 1~2 家直营店获得相关经验与数据,实施人才经营计划。

(4) 人才：大学生、创业青年及 40~50 岁下岗职工。

(5) 资金：×××铺货、30 万元开店资金与 70 万元创业基金。

经营模式——地区总经销商,扶持连锁加盟创业。

核心竞争力——"人才经营模式"：招募有创业梦想的大学生在直营店实习,要求半年内完成学习任务;建立创业基金,并选拔合适的人才扶持其开店创业;公司扶持力度最高可达开店所需启动资金的 70％;允许创业者追加资金到 70％,即个人占 7 成股份,公司占 3 成股份;允许创业者从利润中提取发展基金,并依照本模式发展加盟店,以此类推。

企业组织结构图如图 1-7 所示。

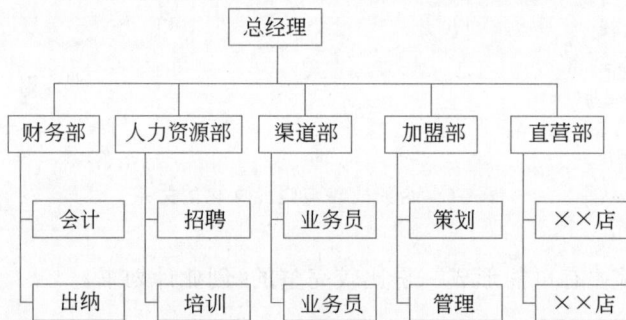

图 1-7　企业组织结构图

项目特点如下。

(1) 本事业经营的不是生意,而是人才。

(2) 经营成本低、风险小、获利有保障;产品低值易耗,容易保管,几乎无损耗。

(3) 民生商品,量大面广,利润容易积少成多。

(4) 人力资源相对容易获得。

(5) 可以充分利用信息化(互联网)进行经营与管理。

4）创业团队

同学之间组成团队进行创业是大学生创业的一个鲜明特点。所谓"三个臭皮匠,赛过诸葛亮",大学生一般都缺少创业经验,多一个人就多一分力量。尤其是在创业初期,团队的重要性更为凸显。大学生创业团队存在以下优缺点。

优点:

(1) 年轻,具有创业的激情和冲劲。

(2) 知根知底,相互理解与信任。

(3) 具有丰富的想象力与创造力。

缺点:

(1) 容易对个人的使命及天赋的重新认识而重新调整事业方向。

(2) 在经营过程中,容易因为价值观的不同而分道扬镳。

(3) 困难时期容易坚持不住,或抵不住外界的吸引或诱惑而离开团队。

(4) 团队成员天赋个性同质化,缺少互补,容易造成能力短板。

那如何扬长避短,打造梦幻团队呢? 有以下若干建议。

(1) 找到想要做这个产品(事业)的人(想做)。

(2) 判断这个人是否具有做这个产品的天赋(能做)。

(3) 能理解、包容团队成员的个性与价值取向。

(4) 有强烈的创新意识、协作意识和进取精神。

(5) 团队成员之间的天赋、个性与资源具有互补性。

案例 1-6

创业计划书

某生物科技公司创业计划书(目录)

第一章　概述

　　1.1　项目背景

　　1.2　产品及技术

1.3 市场分析

1.4 营销策略

1.5 公司定位

1.6 组织与管理

1.7 融资与财务

1.8 风险与对策

第二章 产品及技术

2.1 产品信息

2.2 产品的技术及生产

2.3 产品及技术的服务

第三章 市场分析

3.1 宏观环境分析

3.2 市场容量分析

3.3 目标市场分析

3.4 行业竞争分析

3.5 市场分析总结

第四章 产品营销

4.1 产品策略

4.2 价格策略

4.3 渠道策略

4.4 促销策略

4.5 新媒体策略

第五章 企业文化、战略与管理

5.1 企业文化

5.2 发展战略

5.3 基于SWOT组合的战略构想

5.4 发展规划

二、从业需要做好哪些准备

　　大学毕业后，如果不再继续升学，就要考虑就业了。其实说就业有些被动。如果不选择创业，至少要选择从业。从业是跟随别人一起做事业的意思，相对就业更为主动。有了这个认识，就有了正确选择行业、职业的具体要求。俗话说"男怕选错行"，选对行业或职业对未来的职业发展至关重要。想清楚的结果是直线发展，想不清楚的结果就是曲线发展。所以，我们建议在大三、大四阶段就要想清楚自己应该选择的行业或职业，同时做好以下准备工作。

1. 专业知识学习

每个行业都有行业的历史和文化,以及行业的专业知识及行业的标准。当我们选择了一个行业后,就应该主动地去学习这些知识。例如你选择了银行业(投行类),你就必须了解投行"精英·理念·创造力"的行业文化[①]。

五千年前,在美索不达米亚平原,精明的金匠发现了货币的秘密,他们从货币保管人变身成为货币兑换商。原始的金融发展到中世纪,意大利凭借发达的金融信贷系统成为欧洲文艺复兴的先驱。近20年来,投行人才济济,这些人才对世界经济的影响力与日俱增。

"精英·理念·创造力"是投行的行业亮点,充分体现了这个行业的文化氛围。当人们说起投行时,总会联想到这些关键词,然后露出骄傲或羡慕的神情。

投行是精英人士的乐园,投行中的每一个人都具有极强的机会把握能力与创造力,他们站在金字塔的顶端俯视群雄,他们是经济领域的领跑者。

在经济规律与游戏规则面前,投行的精英们提倡理念先行,是他们把人的主观能动性发挥到了极致,他们是"精神变物质"的典范。

强大的创造力在这个行业表现得淋漓尽致,正是投行的精英们不知疲倦的思索,创造出一个又一个奇迹,才推动了企业乃至经济的发展与社会的进步。

你理解了投行的文化,再去面试就完全不同了。当面试官问你:"你为什么要选择投行?"你回答起来应该底气十足。

目前,很多同学在大学就在报考职业资格考试,以此证明自己拥有一门职业技能,这样想方向是对的,但是如果你同时拥有两个毫不相干的职业资格证书,这就让人难以理解了。到时候面试官问:你为什么要报考这两个职业资格呢?你说为了方便找工作,面试官立马知道你的底细了——你不知道自己该做什么。

还有的同学虽然考了证,在面试时却一问三不知,面试官还是会知道你的底细,你是瞒不过的。当然,有证比没证要好一些,至少面试的概率大大增加了。

对此,我们建议在学校期间,应该充分利用好这段时间学会一门专业技能。

---

① 邱仲潘,叶文强,傅剑波,朱智杰编著,IT企业文化,清华大学出版社,2015年3月,第167页。

例如,人力资源管理,学会这些知识和技能并不难,抓住要点就好。

(1) 了解人力资源管理的最终目的是通过"人岗匹配"释放人的潜力。

(2) 理解人力资源需要规划好、利用好、培育好,尽量做到人尽其用。

(3) 理解战略规划→年度目标→组织结构→岗位职责→任职要求→岗位评价之间的关系。

(4) 了解劳动法律关系及《劳动合同法》的核心内容。

2. 操作技能训练

我们把掌握专业知识叫"应知",把掌握操作技能叫"应会"。企业与其他组织形式不同,特别务实,特别注重技能和结果。面试时,面试官不一定会相信你说的一套套的理论,他们更注重实践,他们可能会拿出一个实际问题让你来解决。

例如,在民营企业,招聘一个高级的行政管理人员特别难,为什么? 让我们先看看行政主管的招聘条件。

(1) 工作职责(节选)。

① 参与部门主管工作例会,记录、整理会议纪要并发放到与会者。

② 跟踪各部门的工作计划,了解执行过程中的差异问题,并向总经理报备。

③ 起草公司的行政文件,包括各种公文、制度和总经理的讲话稿。

④ 配合人力资源部门的绩效考核工作,统计各部门主管的工作任务完成情况。

(2) 任职要求(节选)。

① 大学本科以上学历,中文秘书或相关专业。

② 文字功底好,具有撰写各种企业应用文的知识与技能。

③ 具有良好的沟通能力、亲和力与很强的责任心。

说起来,以上招聘条件不算太高,可是就是没有合适的人选,即使有来面试的,大部分都没法通过企业公文撰写的测试。很多人搞不清"请示"与"报告"有什么区别,大部分不能把工作计划与工作总结的要点归纳出来。面试官问应聘人员这是为什么,有的说学校没教,有的说学过但忘记了。

作为一名大学生,要学会写工作总结与工作计划真的不难,关键是有没有搞清楚企业需要的东西,例如"某企业对工作总结与计划的要求"。

(1) 工作总结的内容。

① 工作成果汇报。

② 检讨完成结果与工作计划的差异。

③ 工作过程中的经验或教训。

④ 工作过程中产生的问题。

⑤ 合理化建议。

(2) 工作计划包括的内容。

① 工作项目、内容与完成期限。

② 预计达到的目标或输出结果(如数据、表单或文件名称、签字等)。

③ 负责的人员(如谁负责、谁执行、谁配合)。

④ 需要什么资源(如需要什么支持,需要什么条件)。

⑤ 预计存在问题及解决措施。

大家看完后可以得出三个心得。

第一,原来企业要的是这样的总结与计划,内容好像跟教科书讲的有点不大一样,企业要的东西都是实打实的。第二,要落实这些内容,需要认真搞清楚各部门的工作状况。第三,企业任职要求所言不虚,要胜任这份工作,必须具有深厚的应用文写作功底,同时具有良好的沟通能力、亲和力与责任心,缺一不可。

3. 文化融入准备

一个民族有一个民族的文化,一个地区有一个地区的文化,一个企业也有一个企业的文化,每个人还有属于自己的文化。什么是文化?"精神"就是文化。民族精神是这个民族的文化内涵,企业精神是这个企业的文化基因,个人的"魅力"也是这个人文化气质的表现。

企业文化是企业长期发展过程中形成的、被全体员工认可并信任的智慧。一个公司的企业文化不是设计出来的,而是在企业发展历史中慢慢形成的。首先是有产品的文化。产品文化是企业文化的背景,没有产品的公司连企业都不能算,更谈不上文化。其次是企业的使命和愿景。企业使命是回答企业创立是为了什么,企业愿景是回答未来要把企业做成什么样子。其中使命是因,愿景是果。再次是企业价值观和企业精神。

企业价值观是判断企业及其成员行为有没有价值的标准,企业精神是一种群体人格,表现为克服困难的态度和发展事业的意志。其中,价值观具有行为"托底"的作用,企业精神具有行为"引领"的作用。最后是企业的各种理念,例如质量理念、经营理念、管理理念、安全理念、人才理念等。理念是工作中总结出来的成功经验,是企业各项工作的绝招或秘诀。

企业文化的作用是解决企业可持续发展的问题。企业文化是企业的精气神,反映了企业的生命力状况。看一个企业是不是具有发展潜力,首先不是看企业的规模、硬件、商业模式,而是要看它的企业文化。有文化的企业即使很久没赚钱了,但只要员工的精气神还在,投资人就还有信心。没文化的企业,即使办公室装修再豪华,也只是一个"红漆马桶"罢了。

大学生在找工作时,在选择企业的这个环节上,一定要认真调查这个企业的文化特点,把企业文化作为考虑的首要标准。企业文化符合自己的标准,才考虑其他诸如工作岗位、薪酬待遇等问题。否则,进入了这个企业,即使职务很高、工资待遇不错,最后你总会感觉到哪里不对劲。

例如,有一个民营的医药公司,医药公司经常跟医院做生意。为了表现其"廉洁",它们办公室的桌椅都是 20 世纪七八十年代政府办公室的样式。某经理新入职后,一个月下来,感觉工作时间不错,每周五天,每天八小时;工作待遇也不错,工资发放也很及时,唯有一点受不了,就是椅子太硬,坐着不舒服,于是毅然辞职了。显然,椅子太硬,只是表面原因,深层次原因是不适应这家企业的文化。

企业文化有先进与落后的说法,但并没有严格的好坏标准,毕竟能够形成文化必然经过了长时间的沉淀,必定有其好的一方面。但是,我们必须清楚一点,就是自己的天赋个性特点跟企业的文化有着直接的关系。换句话说,找企业就像找对象,有一个合不合得来的问题。

例如,某企业的价值观是"拼搏"。企业从拼搏起家。"爱拼才会赢"的观念是创业前辈们共同的价值倾向,看上去好像没错,于是就传承下来了。因此,企业会把"拼搏"应用在包括招聘的各项工作中。有一次某人去应聘财务主管,她只关注了薪资待遇,没有重视企业的这个价值观,结果不到一个月就离开了,因为她觉得自己不需要拼搏,觉得工作就应该轻松一点,别搞得那么累。原来是价值观不同啊,难怪觉得老板和其他主管看自己的眼神有点不同。

又如,某企业的客户服务的理念是"热情",那么热情就是该企业服务工作的绝招了。该企业对待客户首先强调的不是服务的专业、周到、细致,而是热情。在新员工培训时,培训经理就反复强调:"你在服务的时候,可以不专业,你可以丢三落四,但你不能不热情!""你可以不认同这个理念,但是你必须深刻理解热情,必须让客户看出你的热情是真心的,不是装出来的,不是被训练出来的。"

当然,不是说非得"亲和力"好的人才能做这家企业的客户服务,你可以选择"融入"。意思是觉悟(修养)可以让自己的热情变得真诚。例如,需要理解下面这段话[①]:

"热情产生于群体人格,是人生观修养的具体表现。热情从本质上讲是无私的,从其出发点看,热情的第一动机是让别人满意;从其过程来看,热情的过程是向对方表示友好与同情;从其产生的结果来看,热情是利他的。"

融入有牺牲的含义。融入企业文化意味着你不但要"包容"这家公司的企业文化,有时候还要"纵容"它的文化,否则你跟这家企业的大多数人会显得格格不入。当你"纵容"的时候,内心是纠结难受的,那说明你正在挣扎;当你的内心坦然了、释怀了,那说明你要么牺牲了,要么超越了。客观来看,就是被这家企业的"文"给"化"了。

三、先从业再创业

1. 先就业再择业

让我们先看两个案例。

案例 1-7

小王的就业之路

小王去年从天津某大学计算机系毕业后,进入了一家医药公司工作,但短短三个月

---

①　叶文强,傅剑波著,智慧传承,第206页。

后,他便选择了离职,原因是这份工作专业不对口,做起来不顺手。现在小王又在一家电子商务公司上班,但从事的网络营销工作依旧不是他所认为的对口专业。小王坦言,自己对于职业发展自己并没有明确的规划。现阶段只能走一步算一步,多尝试一些工作,再确定自己的发展方向。

案例 1-8

林小姐的就业

林小姐最近正在为自己的下一份工作犯愁。林小姐告诉记者,大学毕业后工作三年来,她做过文案、市场专员、销售助理。上一份工作是在培训机构当咨询顾问。尽管看起来各行经验颇丰,但实际上每份工作都只干了半年左右。当被问及离职原因时,林小姐表示主要还是觉得岗位不适合自己,工作时间一长便感到没意思了。看着当年一起毕业的同学事业都稳定下来,林小姐却依旧在为自己的工作发愁。跑了好几场招聘会,好多单位看到林小组的工作经历后,就没有再通知她面试了。

某日网友在无忧论坛上发帖说:

找工作是根据职业生涯来选择,还是就目前的就业形势来选择?虽然现在提倡"先就业再择业",但是可能现在的就业决定了今后的择业,你是选择找准职业定位的就业,还是为了工作而工作的就业?大家都是怎样看待的呢?前程无忧 BBS(bbs.51job.com)曾针对大学生先择业还是先就业的问题进行了网上调查,有 52.5% 的网友选择"先就业",42.5% 的网友选择"先择业",同时有 5% 的网友选择了"不清楚,随波逐流"。

是"先就业再择业"还是"先择业再就业",其实在很多学校都为这个问题开展过辩论赛。正方有正方的理论,反方也有反方的道理,双方争执不下。归纳如下。

正方(先就业)的核心观点如下。

(1)"理想很丰满,现实很骨感"。我是英雄没错,可是我还要找到伯乐是吧,还要找到一个用武之地是吧。"骑驴看唱本——走着瞧"貌似是一种最优的选择。

(2)对于没有做过职业生涯规划的学生来说,他们走出象牙塔,对内不了解自我,对外不了解社会、企业,可谓"两眼一抹黑"。不先找一个单位就业而待在家休息,这谁受得了。

(3) 因为教育体制的问题,在学校学的东西跟企业的需要有较大的落差。先找份工作,然后在工作中累积工作经验和职场心得,相当于实习,这也是没办法的事。

反方(先择业)的核心观点如下。

(1) 先就业是一种被动的选择,是对自己的不负责任。既然有了事业心,就应该义无反顾地去做事业,哪能屈就?

(2) 学校没有教你如何认识自己,如何认识社会,你就不会自学吗? 大学的图书馆还小吗? 四年下来,你为自己的事业考虑了多少? 没有职业生涯规划本身就不对了。

(3) 你想得美,你把学校的教育任务交给企业,企业怎么想? 你拿着企业的工资接受企业的培训,事后跳槽,你心安理得吗? 你可敢坦诚地告诉面试官:我到你这家公司来,必须先找感觉,感觉对就留下,感觉不对就离职?

在学校,个别就业中心的老师说"先就业再择业"是有原因的,主要是为了提高学校的就业率。

"先就业再择业"本是无奈之举,如果条件允许,当然是"先择业再就业"比较好。告诫如下。

(1) 择业问题不是在毕业季才考虑的问题,大一开始,最好高中阶段就要考虑了,不然你的高考志愿怎么填? 别搞到最后,双手一摊,以一句"专业不对口"结束。

(2) 在大学,职业生涯规划一定不能少,即使在毕业前,也要认真做好。要知道,做好职业生涯规划不是在完成老师布置的作业,而是对自己的未来负责任的一种表现。

(3) 完成职业生涯规划,一定要结合两个方面:一是认识自我(使命、愿景与价值观);二是认识社会(事业、行业与企业)。认识清楚了,找工作就相当于"指哪打哪",企业也特别喜欢这样的毕业生,他们基本上不会存在就业难的问题。

2. 先从业再创业

很多大学生有理想、有抱负,想毕业后就去创业,有这样的想法其实是很好的,值得欣赏、值得肯定。但创业一定要建立在一定的可行性分析的基础上,盲目创业是一种不成熟的表现。

案例 1-9

小黄的创业

西安理工大学 2007 届毕业生小黄曾参加了陕西市政府举行的全市落实创业政策恳谈会。会上,他一道出自己想建立一个大学生求职网站的想法就得到了市长的赞赏和支持。在市长的鼓励下,这个充满了创业激情的小伙子迅速完善了先前酝酿许久的创业计划书,架构起未来网站的基本框架。但一个绕不开的问题是:由于自己并不会编写计算机程序,网站的建立必须由专业的技术人员来完成,这名技术核心人物在哪里?苦苦找寻数月无果,小黄只好暂时收起创业梦想,先找份工作,给别人打工。

"对创业条件分析不足,这是我最大的失败。"小黄这样总结自己失败的起步。

大学最后一学期,迎接小黄的是一场接一场的招聘会、一次又一次的失望而归。"我不停地奔波于各种招聘会,在海量的招聘信息里想要找到一个适合自己的企业却很难。"在与企业的接触中,小黄了解到企业也存在类似的烦恼。因为缺乏对学生的了解,企业仅通过一次招聘会或一次简单的面试签订用人协议,事后却发现招聘来的员工并不适合这份工作,为此浪费了大量人力物力。于是,他萌发出这样一个想法——办一个不同寻常的求职网站。(创业项目非常好!找到了切入点。)

小黄介绍说,在网站中,他将为企业和大学生搭建起一个长期稳定的接触平台,只要大学生和企业登录注册,双方就可以通过这个平台相互了解,企业甚至可以跟踪大学生在校期间的各方面表现,决定毕业时是否录用。

接下来的几个月,小黄开始了广泛的市场调研。他登门 20 多家企业,与人力资源管理部门负责人沟通了这一想法,网站的特色服务内容得到 70% 的人的肯定。"我会用两到三年的时间向外界推广网站,吸纳大学生和企业登录,并向企业收取一部分会员费。三年后,点击量有了一定提升,广告将成为网站营利的又一渠道。未来,在继续完善网站服务内容的基础上,推出一系列连带产品,我相信这会有更大的发展前景。"实际上,小黄已明确了网站的营利模式。至于网站的长远规划,小黄表示他已制订了相应的计划。

尽管制订了自己的创业计划,确立了营利模式,进行了市场调研,也得到了父母兄长的资金支持,但小黄却忽视了创业最为关键的因素之一——组建得力的团队。(因为社会经验的缺乏,难免考虑不到,有时候竟把最重要的东西给忽略了。)

"刚开始我以为这不是问题,懂程序的人多,肯定能吸引到这样的人。"直到制订创业计划的后期,小黄才向身边好友发布信息,结果只找到一个做网站的高中好友。"人太少了,编好这个网站的程序至少要两年。"小黄说,目前高校内具备这方面技术的人太少,而有丰富经验和能力的人却不愿意放弃工作跟他一起创业,好比没有左膀右臂,小黄孤军奋战的结果只能是退下阵来。

"合理的创业方案、资金和团队是创业的三大要素,缺一不可,之前我却没有认识到这一点。"小黄感到有些后悔。他说,如果当初有人能给他指导和提醒,或许就不会出现这样的错误,"学校应该开设创业指导选修课,给有创业想法的大学生一定的指引。"

目前,小黄暂时放下了自己的创业计划,开始着手找工作。"等有了几年工作经验,我还会继续完成创业梦想。这几年,我会构建自己的生活圈,寻找创业的最佳团队。"

在对大学生的职业指导过程中,很多创业导师大多反对大学生创业,建议同学们先从业再创业。主要原因有以下几点。

第一,很多大学生创业的初衷与目的都不清楚,要么为了赚钱,要么为了不受别人控制。秉持这样的心态,创业就是在创造失败经历。

第二,很多大学生创业条件不够,仅有一腔热血。若是搞到了一点资本,那更是冲动得不得了。殊不知创业需要的软硬件条件很多,每一个都决定了创业的成败。

第三,创业失败,自己倒是可以累积很多经验,但是投资者呢,或者就是父母的血汗钱呢? 这个成本谁来负担?

第四,先从业并不妨碍创业。从业是跟着别人做事业,依然还是在做你喜欢的事业。眼下暂不创业,只是因为条件不够而已,而从业就是最好的学习与积累的过程。一个真正想做一番事业的人,没条件的时候,该隐忍时就要隐忍,又何必在乎"朝朝暮暮"呢?

案例 1-10

一个大学生的创业故事

这是一个福州大学工艺美术学院大四学生创业的真实案例,这个案例告诉我们他们所要从事的事业是怎么来的,他们打算如何去做……

　　小赵是工艺美术学院大四的学生,最近他有些事情想不清楚。毕业后何去何从?是创业还是从业?要上班就去找一份工作,要创业首先要找一个好项目。经过一番激烈的思想斗争,小赵最后选择了创业。为此他获得了同学们的喝彩,还有几个死党当场表示要跟他一起组队。

　　在寻找创业项目时候,小赵他们发现项目其实挺多的,他们通过各种渠道找到了很多项目。那要如何选择呢?伙伴们为此展开了争论。有人说要找那些容易赚钱的,有人说要做那些跟网络有关的,还有人坚持要做跟美术有关的……小赵有点懵,于是,他们带着项目、带着疑问去找了创业导师。

　　创业导师热情地接待了他们,然后问他们:"你们为什么要创业?"小赵几个相互看了看,轮流说到:"我要赚钱!""我想搞美术,又想赚点钱。""我不想碌碌无为,我想做点有意义的事。"导师说:"嗯,很好,都没错,但是如果你们几个的想法能够结合在同一个项目中就最好了。"

　　"可是这样的项目很难找啊,现在比较流行的项目是与移动互联网相关的,那些搞美术的项目显得比较传统,赚钱也相对慢,最重要的是这些项目好像做的人很多,竞争激烈啊。"小赵终于把他们的顾虑说了出来。

　　导师说:"你说的是实际情况,在选择项目的时候,一定要全面考虑。我给你们讲一下思考的次序:第一步要了解产品的价值;第二步要想清楚创业的初衷,同时要有一个长期的打算;第三步要考虑对社会有用,能够赚到钱;第四步是成本可控,最好自己的天赋特长能够发挥出来。"

　　小赵跟几位伙伴交换了一下眼神,然后说道:"老师,我们前几天上网搜索,从政府社区网站上看到一个项目,好像有点意思,您能否帮我们评估一下呢?"老师说:"当然可以。"

　　于是小赵让伙伴们打开计算机,找到了那个项目简介的 PPT 文件,打开后出现"让艺术传递智慧——婴儿期记忆绘画项目简介"的封面。然后小赵对着 PPT 一页一页地讲解起来。原来这个项目是书画艺术行业的一个创新产品——调查并分析消费者婴儿期的记忆,然后通过绘画(画屏、画册、动画)的方式表现出来,从而达到满足消费者心理健康需要的目的。

老师听得非常认真。全部听完后,老师说:"这个项目确实不错,有几个显著特点。

(1) 产品的文化含量和艺术价值都很高。

(2) 市场有需求,对消费者有实际作用。

(3) 符合你们的专业,顺应你们的事业心。

(4) 该产品的商业模式比较简明。

(5) 该项目的投资成本可大可小,受制性小,风险小。

(6) 比较方便利用手机与消费群体进行互动。

(7) 不足之处是'婴儿期记忆'这个新概念的传播需要一些时间,所以赚钱会慢一点。

但这个因素倒不影响你们持续做下去,因为你们的成本是可控的,允许你们慢慢做。"

听完老师的点评,小赵几个终于对这个项目有了一个全面的认识。

第一,产品有新意,市场有需求。

第二,专业对口,大家都喜欢做。

第三,投资可控,自己能参与生产,几乎无风险。

第四,新概念的传播有途径,还可以通过网络定制。

思 考 题

1. 谈一下你对事业的理解。

2. 工作是怎么来的?

3. 岗位胜任素质模型是什么意思?

4. 构成素质的基本元素有哪些?

5. 大学生创业需要注意哪些问题?

6. 找工作前需要具备哪些常识与职业技能?

7. 为什么说要"先择业再就业"?

第二章　认识自我

【本章学习要点】

1. 了解认识自我的关键是认识自己的潜意识。

2. 了解婴儿期记忆与潜意识的关系。

3. 理解天赋对事业的决定作用。

4. 了解不同优势天赋对应的学习方法。

5. 了解情绪与价值观的关系。

6. 了解情绪失控的原因及后果。

第一节　人格与潜意识模式

一、心理学的发展

1. 心理与潜意识

心理,简单的解释为:客观事物在脑中的反映,是感觉、知觉、表象、注意、记忆、想象、思维、情绪、意志等的总称。

心理,百度百科的解释为:心理是大脑对客观现实的主观反应,意识是心理发展的最高层次,只有人才有意识。心理现象又可分为两大类,即心理过程和人格。认知、情绪、情感和意志是以过程的形式存在的,它们都要经历发生、发展和消失的不同阶段,所以属于心理过程。人格也称个性,是指一个人区别于他人的,在不同环境中一贯表现出来的,相对稳定的影响人的行为模式的心理特征的总和,包括需要、动机、能力、气质、性格等。在一定意义上,人格不是独立存在的,而是通过心理过程表现出来的。

心理学是研究行为和心理活动的学科。19世纪末,心理学成为一门独立的学科,20世纪中期,心理学有相对统一的定义,从此心理学研究不断走向繁荣。

在对心理的定义上,很多学者比较认同弗洛伊德(见图2-1)的人格理论[①]。

弗洛伊德认为人格由本我、自我和超我构成。

图2-1 弗洛伊德

(1)本我(Id)是指人格结构中最原始部分,从出生日起算即已存在。构成本我的成分是人类的基本需求,如饥、渴、性三者均属之。本我中之需求产生时,个体要求立即满足,故而从支配人性的原则而言,支配本我的是唯乐原则。例如,婴儿每感到饥饿时即要求立刻喂奶,不考虑母亲有无困难。

(2)自我(Ego)是指个体出生后,在现实环境中由本我中分化发展而产生,由本我而来的各种需求,如不能在现实中立即获得满足,他就必须迁就现实的限制,并学习到如何在现实中获得需求的满足。从支配人性的原则看,支配自我的是现实原则。此外,自我介于本我与超我之间,对本我的冲动与超我的管制具有缓冲与调节的功能。

(3)超我(Superego)是人格结构中居于管制地位的最高部分,是由于个体在生活中接受社会文化道德规范的教养而逐渐形成的。超我有两个重要部分:一为自我理想,是要求自己行为符合自己理想的标准;二为良心,是规定自己行为免于犯错的限制。因此,超我是人格结构中的道德部分,从支配人性的原则看,支配超我的是完美原则。

图2-2 荣格

人格结构中的三个层次相互交织,形成一个有机的整体。它们各行其责,分别代表着人格的某一方面:本我反映人的生物本能,按快乐原则行事,是"原始的人";自我寻求在环境条件允许的条件下让本能冲动能够得到满足,是人格的执行者,按现实原则行事,是"现实的人";超我追求完美,代表了人的社会性,是"道德的人"。

在通常情况下,本我、自我和超我是处于协调和平衡状态的,从而保证了人格的正常发展。如果三者失调乃至破坏,就会产生心理障碍,危及人格的发展。

研究潜意识的还有卡尔·古斯塔夫·荣格(见图2-2)。他是

---

① 百度百科。

瑞士心理学家、精神病学家,精神分析学的主要代表。他提出了"集体无意识"与"原型"理论。荣格是一位学贯东西的学者,在世界心理学界都得到了很高的评价,是心理学的鼻祖之一。

荣格反对弗洛伊德将性欲视为唯一的心理动机,反对将无意识归结为个体无意识,并以之为出发点提出"原型——集体无意识"理论。荣格认为,人格结构由三个层次组成:意识(自我)、个人无意识(情结)和集体无意识(原型)。其中,集体潜意识反映了人类在以往的历史演化进程中的集体经验,它是"一种不可计数的千百年来人类祖先经验的成绩,一种每年实际仅仅增加极小极少变化和差异的史前社会生活经验的回声。"

其实,弗洛伊德和荣格的观点是可以统一起来的,其中,自我对应意识,本我对应个体无意识,超我对应集体无意识。进一步的研究表明:不仅是他们两个人的观点可以统一,其他先哲的观点和心理学界最新研究的成果都可以统一起来,如表 2-1 所示。

表 2-1 人类生理心理对照表

器官	意	识	弗洛伊德	荣 格	释迦牟尼	人格	心态	愿望
大脑	显意识	想法	自我	意识	思	自我	语言心	思愿
内心	潜意识	欲望	本我	个体无意识	意	慧根	自性心	欲愿
神经	深层潜意识	愿望	超我	集体无意识	识	生命	本源心	本愿
细胞	/	念头	/	无意识	觉	原子	/	始愿

看完表 2-1,我们能回答"我是谁"了吗?

2. 认识自我的关键是认识自己的潜意识

其实,"我"是我的全部记忆及其结构。理解这个答案要抓住以下 3 个要点。

(1)"我"是一个概念,属于意识范畴。回答"我是谁"的所有答案都是与之相关的信息。

(2)与"我"相关的信息本来具有全面性,但因为能力的问题,我们并不能全部反映这些信息,只能把记住的信息表达出来。

(3)能记住的信息分布在意识的各个层面,它们经常以显意识或潜意识的方式表达出来。

不同层面的意识回答"我是谁"有不同答案,例如:

(1)显意识回答:"我叫某某某,本科学历,物理专业,工程师职称,拥有该行业十多年的工作经验。"

(2)潜意识回答:"我跟别人不大一样,我具有某某天赋与个性,我的价值观是这样的,我的兴趣爱好是那样的。"

(3)深层潜意识回答:"我是一个人,我有着跟人类同样的使命,我想在某个领域为人类进化贡献自己的能力。"

职业生涯规划的核心是认识自我,而认识自我的核心是认识自己的潜意识。显意识层面的信息是非常好归纳的,因为有历史记录可以查,而潜意识的信息就比较难总结了。至于深层潜意识层面的信息,人类更是处在"集体无意识"的状态。

所以,职业生涯规划要求的认识自我的重点并不是认识自我的知识经验部分,而是潜意识部分,即天赋与个性;当然也包括深层潜意识部分,即工作心态。前一部分是"冰山以上部分",后面两部分是"冰山以下部分"。这跟美国著名心理学家麦克利兰于1973年提出的素质体系的冰山模型(见图2-3)是一致的。

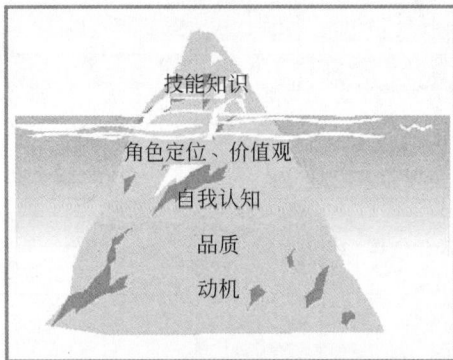

图 2-3　素质体系的冰山模型

3. 三重心灵与七种人格

心灵即心理,之所以称之为"灵",无非是因为人们对"心"的认识还不够充分,感觉"心"有点"神"秘,有点"灵"性。

《现代汉语词典》中人格一词的解释为:"人的性格、气质、能力等特征的总和;人的道德品质,人作为权利义务主体的资格。"

百度百科对人格的解释为:人格是人类独有的、由先天获得的遗传素质与后天环境相互作用而形成的、能代表人类灵魂本质及个性特点的性格、气质、品德、品质、信仰、良心以及由此形成的尊严、魅力等。人格的特征主要有四个,它们分别是人格的独特性、稳定性、统合性、功能性。

人格这个概念源于希腊语 Persona,原来主要是指演员在舞台上戴的面具,类似于中国京剧中的脸谱,后来心理学借用这个术语用来说明：在人生的大舞台上,人也会根据社会角色的不同来更换面具,这些面具就是人格的外在表现。

最新研究表明[①]：人都有三重心灵和七种人格,如图 2-4 所示。其中,心灵是思维系统,人格是角色选择。

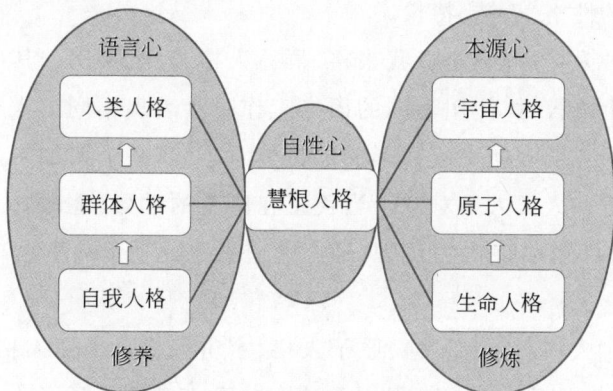

图 2-4　三重心灵、七种人格示意图

1）三重心灵

（1）语言心：用抽象过的语言进行思考推理的思维系统,通常所说的意识心主要是语言心,佛家所说的攀缘心也是语言心。语言心的不可替代性是交流的需要,语言心是人通过学习语言产生的后天心,因使用而占据常人的主导地位。

（2）自性心：是人生而固有的思维系统,用形象进行感受判断;是人在婴儿期的思维系统,人正是通过这个思维系统学会语言。在语言心占据主导地位后,自性心退居后台,就像计算机的机器语言,在使用 Windows 的时候,我们已经忘记它的存在。常人在三岁爆发语言能力,但对三岁前的记忆不能完全删除,留下带有自性心思维模式的意识（称为慧根）。慧根在语言心不能工作时即跳到主导地位参与工作,工作的成果称为灵感。

（3）本源心：是所有生命公用的思维系统,通过"场"交换信息。在人的怀胎过程和死亡过程,由本源心起主导作用,本源心能对广大微细的存在产生感知。自性心由本源心构

---

① 叶文强,傅剑波著,智慧传承,第 78 页。

筑生产出来。人的本源心接受母本的信息最多,其次星象、季节、地理、时辰、气候、人居等因素也构成重要的影响。

2) 七种人格

人的三重心灵中,自性心具有中心地位,对应慧根人格。慧根人格因不同记忆中的模式而使人表现不同的性格、表情、特长。

语言心对应三种人格,分别是自我人格、群体人格、人类人格。其中自我人格当一个人完全掌握两种以上语言时,使用不同的语言工作时会表现不同的人格。群体人格则是有共同语言的一群人长期多向交流而形成的群体意志,当一个人加入两个意志不同的群体时会产生人格矛盾。人类人格对应于当代正在研究的世界(地球)人的人格,主要表现为通过合作,达成对自然和宇宙的认识,通过生态保护等行动,建立与其他生命的和谐共存。

本源心对应三种人格:生命人格、原子人格、宇宙人格。生命人格基于细胞生物场,表现在人与动物,甚至植物之间的人格认同、喜爱、相互尊重。原子人格基于人体本质上由物质组成,能感知自然物理场,表现为天人感应的各种现象,如电场可以使头发竖起、进行磁疗等。由于科学探索到超低温的领域,人与物的感应现象得到更多的表现机会。宇宙人格则需感应宇宙的时空场,主要反映在人对宇宙的思考,表现出大智慧,如历史上2000多年前的圣人表现出对宇宙卓越的感知能力。

4. 自我认知的传统理论

"知人者智,自知者明。"一个人生下来就有眼睛,可以很方便地观察事物,认识别人,但是我们却不能用眼睛看到自己。所以说认识别人容易,认识自己比较难。我们常说一个人就是一座金矿,拥有"一整人"智慧,认识自己是人生一辈子的事情。因此,自我认知在职业生涯规划上起着关键性的重要作用。

在自我认知方面,传统的理论发展比较慢。在内容上,认识自己的知识、经验、能力、个性、兴趣、爱好、理性、价值观是这些理论的共识。在方法上,包括"自我分析法""总结经验法""他人评价法""职业测评法"。其中,职业测评法在职业生涯规划中被广泛采用,比较著名的有《霍兰德 SDS 职业兴趣测试》《MBTI 职业性格测试》《职业锚定位测评》《贝尔宾团队角色测试》《TKI 冲突处理模型测试》等,在我国,大部分都是借鉴了国外的研究成果。

自我认知的传统理论存在以下问题。

（1）没有结合最新的心理学研究成果区分知识经验（树叶）、能力个性（树干）、心态愿望（树根）三者之间的关系。

（2）对能力的分类缺少系统性和逻辑性，承载概念交叉的问题，各种要素和元素混杂在一起，分不清各种能力之间的相互关系。

（3）对性格、个性、气质在概念上区分模糊，分析维度趋于简单，对价值观与性格的关系缺少研究。

（4）在测评工具上，缺少跟身体器官功能相对应的平衡体系；分类少，不能涵盖所有情况；采用的是主观测评，测评数据容易受环境的影响。测评数据输入基于的是外在行为表现，然后用统计方式产生标准，一旦某种行为方式没有录入，则极容易导致系统问题。

1）对能力的认知

能力是指掌握和运用知识技能所需的个性心理特征。能力一般分为一般能力与特殊能力两类，前者指大多数活动共同需要的能力，如观察力、记忆力、思维力、想象力、注意力等；后者指完成某项活动所需的能力，如绘画能力、音乐能力等。

能力，是完成一项目标或者任务所体现出的素质。人们在完成活动中表现出来的能力有所不同。能力是指顺利完成某一活动所必需的主观条件。能力是直接影响活动效率，并使活动顺利完成的个性心理特征（见百度百科）。

能力分为一般能力和特殊能力，又可分为基本能力和综合能力[①]。一般能力是在很多基本活动中表现出来的能力，适用于广泛的活动范围。例如，观察力、记忆力、注意力、想象力、抽象思维能力等。在西方心理学中把一般能力称为"智力"。特殊能力是表现在某些专业活动中的能力，它只适用于某种狭窄的活动范围。例如，节奏感受能力、色彩鉴别能力、计算能力、飞行能力等。基本能力是指某些单因素能力，即主要通过大脑某一种功能完成的心理活动中表现出来的能力。例如，感知、记忆、思维、肌肉运动等能力。综合能力是由许多基本能力分工合作下完成的活动中表现出来的能力。例如，数学能力、音乐

① MBA 智库百科。

能力、管理能力等。

技能指经过后天学习而形成的能力。辛迪·梵和理查德·鲍尔斯将技能分为三种类型：知识技能、自我管理技能和可迁移技能[1]。

(1)知识技能是指那些需要通过教育或者培训才能获得的特别的知识或能力,知识技能一般用名词来表示。

(2)自我管理技能经常被看作个性品质而非技能,因为它们被用来描述或说明人具有的某些特征。它涉及个体在不同的环境下如何管理自己：是勇于创新还是循规蹈矩,是认真还是敷衍了事,能否在压力下保持镇定,是否对工作有热情,是否自信等。良好的自我管理技能能够帮助个体更好地适应周围的环境,应对工作中出现的问题,因此它也被称为"适应性技能"。

(3)可迁移技能是指在多个岗位、多个公司都可以使用的技能,可以理解为专业技能之外的通用技能。例如,沟通、创造力、领导能力、团队合作等。

2)对性格的认知

性格是人对现实的态度和行为方式中较稳定的个性心理特征,是个性的核心部分,最能表现个别差异。性格具有复杂的结构,大体包括：①对现实和自己的态度的特征,如诚实或虚伪、谦逊或骄傲等。②意志特征,如勇敢或怯懦、果断或优柔寡断等。③情绪特征,如热情或冷漠、开朗或抑郁等。④情绪的理智特征。如思维敏捷、深刻、逻辑性强或思维迟缓、浅薄、没有逻辑性等。

个性一词最初来源于拉丁语 Personal,开始是指演员所戴的面具,后来指演员——一个具有特殊性格的人。一般来说,个性就是个性心理的简称,在西方又称人格。

性格(Temperament)也称性情、个性、气质,心理学名词,意指一个人内在的人格特质,如内向或外向。它通常是天生的,而不是后天学习而来。性格又叫个性(人格),是指一个人独特的、稳定的和本质的心理倾向和心理特征的总和。在心理学中对性格的解释是：一个区别于他人的,在不同环境中显现出来的,相对稳定的,影响人的外显和内隐性行为模式的心理特征的总和。

---

[1]　胡立恩主编,《大学生职业生涯规划与就业指导》,第38页。

　　美国心理学家奥尔波特(G. W. Allport)曾综述过 50 多个不同的个性定义,但就目前西方心理学界研究的情况来看,从其内容和形式分类方面来看,主要有下面五种定义。

　　第一,列举个人特征的定义,认为个性是个人品格的各个方面,如智慧、气质、技能和德行。

　　第二,强调个性总体性的定义,认为个性可以解释为"一个特殊个体对其所作所为的总和"。

　　第三,强调对社会适应、保持平衡的定义,认为个性是"个体与环境发生关系时身心属性的紧急综合"。

　　第四,强调个人独特性的定义,认为个性是"个人所以有别于他人的行为"。

　　第五,对个人行为系列的整个机能的定义,这个定义是由奥尔波特提出来的,认为"个性是决定人的独特的行为和思想的个人内部的身心系统的动力组织。"

　　由于个性的复杂性,我国心理学界对个性的概念和定义尚未有一致的看法。我国第一部大型心理学词典——《心理学大词典》中的个性定义反映了多数学者的看法,即"个性,也可称人格。指一个人的整个精神面貌,即具有一定倾向性的心理特征的总和。个性结构是多层次、多侧面的,由复杂的心理特征的独特结合构成的整体。这些层次有:第一,完成某种活动的潜在可能性的特征,即能力;第二,心理活动的动力特征,即气质;第三,完成活动任务的态度和行为方式的特征,即性格;第四,活动倾向方面的特征,如动机、兴趣、理想、信念等。这些特征不是孤立存在的,而是有机结合的一个整体,是对人的行为进行调节和控制的。"

　　综上所述,尽管心理学家们对个性的概念和定义所表达的看法不尽相同,但其基本精神还是比较一致的:"个性"的内涵非常广阔丰富,是人们的心理倾向、心理过程、心理特征以及心理状态等综合形成的系统心理结构。

　　3) 对气质的认知

　　现代心理学把气质理解为人典型的、稳定的心理特点,这些心理特点以同样的方式表现在各种各样活动中的心理活动的动力上,而且不以活动的内容、目的和动机为转移。

　　人的气质可分为四种类型:多血质(活泼型)、胆汁质(兴奋型)、黏液质(安静型)、抑郁质(抑制型)。古代所创立的气质学说用体液解释气质类型虽然缺乏科学根据,但人们在日常生活中确实能观察到这四种气质类型的典型代表。活泼、好动、敏感、反应迅速、喜欢与人交往、注意力容易转移、兴趣容易变换等,是多血质的特征。直率、热情、精力旺盛、情绪易于冲动、心境变换剧烈等,是胆汁质的特征。安静、稳重、反应缓慢、沉默寡言、情绪不易外露,注意稳定但又难于转移,善于忍耐等,是黏液质的特征。孤僻、行动迟缓、体验深刻、善于觉察别人不易觉察到的细小事物等,是抑郁质的特征。因此,这四种气质类型的名称曾被许多学者所采纳,并一直沿用。

(1)多血质——灵活性高,易于适应环境变化,善于交际,在工作、学习中精力充沛而且效率高;对什么都感兴趣,但情感兴趣易于变化;有些投机取巧,易骄傲,受不了一成不变的生活。

(2)胆汁质——情绪易激动,反应迅速,行动敏捷,暴躁而有力;性急,有一种强烈而迅速燃烧的热情,不能自制;在克服困难上有坚忍不拔的劲头,但不善于考虑能否做到,工作有明显的周期性,能以极大的热情投身于事业,也准备克服且正在克服通向目标的重重困难和障碍,但当精力消耗殆尽时,便失去信心,情绪顿时转为沮丧而一事无成。

(3)黏液质——反应比较缓慢,坚持且稳定地辛勤工作;动作缓慢而沉着,能克制冲动,严格恪守既定的工作制度和生活秩序;情绪不易激动,也不易流露感情;自制力强,不爱显露自己的才能;固定性有余而灵活性不足。

(4)抑郁质——高度的情绪易感性,主观上把很弱的刺激当作强作用来感受,常为微不足道的原因而动感情,且有力持久;行动表现上迟缓,有些孤僻;遇到困难时优柔寡断,面临危险时极度恐惧。

二、婴儿期记忆与潜意识

1. 记忆是思维活动的本底

人是由细胞构成的,细胞是由原子构成的,原子是由量子构成的。万物有灵,每一种结构都会产生信息。

人的思维源头是量子。在量子宇宙中,我们看到了实量子受到"均匀分布势""自连片势"的作用。这两种势反映了量子之间的相互关系。既然有关系,就会有通信。因此,量子有通信,原子也会通信,细胞就会有意识,人也就有了思维。

　　思维的内容是信息，信息的交换需要能量。人的思维是有载波的，这个载波古人称之为"气"，现代研究表明有四种脑电波，其原理就是无线电的原理。

　　前面我们已经说过，信息本来具有全面性，但因为能力的问题，我们无法全部反映这些信息。这里说的能力相当于载波需要的能量，当能量不足时，就不能播放全部信息，而只能把关键的（被记住的）信息播放出来。

　　记忆是人类最重要的思维活动。记忆目前被定义为事件在人脑中的反映。包括信息获取、存储、提取、编译、加工等过程。人的大脑能够记忆，例如背诵，就是用大脑对信息进行存储。人的心包也能够记忆，例如记在心里，就是用"心"对信息进行存储。人的细胞也能够记忆，例如伤口的自动愈合，就是细胞使用了记忆功能后的表现。至于神经系统则是传递记忆信息的通信网络。例如，颈椎断了，颈部以下的信息与大脑中断，就会造成"截瘫"；又例如，如果神经网络"塞车"了，就会造成"经络不通"，严重的会造成某些器官的病变。

　　人的思维最大的特点就是提取分析记忆，记忆是思维活动的本底。任何思维活动都离不开记忆，离开了记忆根本无法思维。

　　人的思维过程是这样的：首先，人们用天赋的五觉（眼、耳、鼻、舌、身五官）进行信息捕获，然后输入大脑（意觉）进行逻辑化处理。大脑在处理过程中做了两件事：一件事是跟记忆进行比较，看一下记忆中是否有同样的经验或相似的经验；另一件事是跟心愿进行对比，看一下（判断）所捕获的信息是否跟自己的心愿一致，如果一致将会表现为情绪喜，如果不一致则会表现为情绪怒、忧、惊、恐、悲其中一种甚至多种。例如，一个年轻男子走在大街上，看到一个美女，他的大脑将这样处理这条信息：①女（概念输入）。②美女（跟记忆对比）。③喜欢（判断为跟心愿一致）。其实，后面两步本质上还是跟记忆对比，因为心愿源于更早的记忆。

　　通过上面的例子不难看出，记忆对思维活动的影响起着对比、参考的作用。信息输入后，先翻阅之前的记忆，看一下有没有类似的经验，对比后再针对新信息制定对策。

　　"不在于你经历了什么，而在于你记住了什么。"从小到大，我们学了很多东西，如果记住了以后遇到了相关的问题就会有用；如果没有记住，哪怕当时背了再多书也没有用。

　　另外，记忆是一个连续存储的过程，后来的记忆都是以前面的记忆为基础的，换句话说,小年龄的记忆对大年龄的记忆有着关键的作用。

2. 婴儿期记忆构成一个人的潜意识

婴儿期特指人生最初阶段,即从出生到语言爆发期,通常为零到三岁。部分人由于学习语言较晚,会向后延长至三岁半,甚至四岁。由于发育和疾病,也可能延长婴儿期。

关于婴儿期记忆的研究,多伦多神经生物学家 Katherine Akers 认为大部分人记不住两三岁时发生的事情,是因为新神经元生成的减少会损害新记忆的形成。美国心理学家贝尔斯凯(Belsky J)等人通过对众多美国家庭的追踪研究,认为一个人的个性跟小时候的经历有很大关系。在日本,曾经对二至四岁的儿童进行调查,1630 个儿童的样本中,33%的儿童对胎胞中的经历有记忆,21%对出生时刻有记忆。

目前国内大多数学者将成年人合理的最早记忆定位在六岁,这是一个很大的误区,错误的观念导致很多调查对象习惯地认为记不得。关于婴儿期记忆缺失,有几种解释。弗洛伊德认为包括性等欲望的抑制阻断回忆,生理学认为大脑的快速发育影响记忆保持,语言的应用导致婴儿期记忆不能编译等。通常认为婴儿期经历属于隐性记忆的范畴,总体是合理的,但忽略了片段记忆的必然性、重要的功能及其科学分析价值。

婴儿都是以形象概念的方式存储信息的。例如看到汽车,孩子的眼中是一幅画,大人的眼中或许只抽象为两个字——“汽车”。三岁前捕获了太多的“画面”,这些超大像素的画面占用了存储空间,到三岁后开始逐步删除或压缩,以后更多是以抽象方式进行记忆。所以,大部分成年人只能记得很少几件婴儿期的事情。

人的记忆以一种结构化的信息存储在于大脑皮层中,其中婴儿期的记忆一般存储在旧皮层当中。婴儿期记忆有碎片化、片段化的特点。这些记忆大部分模模糊糊、隐隐约约地存在着,在关键时候(如遇到困难)就会起作用。这些隐性记忆就是我们平时说的潜意识。

最新的研究表明,潜意识是自我意识的重要根源,因为有潜意识才使人感觉到“我”。越表层的意识以更深一层的意识为本我。成熟的个体以大脑的思维为显意识,遗忘的三岁前记忆中的行为模式构成人的潜意识。其中记忆的数量、时间的早晚、清晰程度、祥和程度都是潜意识结构分析的重要信息之一。

心理学已有的研究表明，儿时的经历影响成人的个性，这种影响与婴儿期记忆的密切相关，甚至是一一对应关系。俗话说："三岁看大，七岁看老。"三岁前记忆的任何细节都对应着一个成年人的具体个性表现，这一表述具有科学性，我们称之为"慧根原理"。

婴儿的六觉感知能力就像其幼嫩的皮肤一样是非常敏感的，而成人的感知能力因为社会秩序或习惯的影响显得非常迟钝。回忆婴儿期的事件，相当于用大脑的觉性（思维的量子特性）去激活（纠缠）婴儿期的思维境界。这相当于一种潜能开发训练，可以让我们获得（拾回）婴儿期的感知能力。

修复、理解、悦纳婴儿期的经历，对于个人的心理健康、自信、积极向上有着非常重要的意义。人类如能克服婴儿期记忆遗失的缺陷，将进化为更有灵智的生命种群；人类的寿命、感知能力也将因此得到更加完美的升华。

3. 婴儿期记忆决定了一个人的天赋与个性特质

人的素质构成关键是天赋个性特质。最新研究表明，一个人的天赋个性特质跟这个人的婴儿期记忆（以下简称慧根）内容等信息有着密不可分的关系。

慧根的形成在六岁前后基本定型，此时语言平台占据完全主导的地位，只有感受概念的慧根被排斥在语言平台之外，独立存储，大量的婴儿期记忆则被删除或抽象后而失去形象记忆。长大后慧根的回忆常以一种似梦非梦的状态出现。

慧根决定了人的特长和个性。慧根显，做出高级判断速度就快，并影响日常行为；慧根不显，做出高级判断就比较慢。两种情况通过日积月累，决定了人的特长和个性的形成。慧根因深刻而在语言化抽象的过程中得以保留而未被简化或删除。

慧根是一个人智慧的钥匙，连接着智慧的本源。慧根越早，其思维境界越大，一个人的智慧之树就会越枝繁叶茂，就越有可能开出灿烂的花朵，结出丰硕的成果。

例如，一个人的记忆中如果视觉元素清晰，则表明他的观察审美能力强，通常喜欢旅游，喜欢书画艺术；如果听觉元素清晰，则表明他的理解能力好，能听话听音；如果记忆中自己的声音清晰，则这个人的表达能力就比较强，具有说服力；如果嗅觉元素清晰，记得某个气味，则表明他的探索能力强，通常可以成为杰出的侦探；如果触觉元素清晰，表明他的触感灵敏，动手能力强；如果意觉元素清晰，有思考，则表明他的系统思维能力强，适合做领导。

记忆中还有明显的情绪,这种情绪就是他日常的情绪模式。

例如,记忆中你跟小朋友们玩得很开心,那你就具有较强的喜乐模式,亲和力好,人际关系处理和谐;记忆中你如果有生气或不满的表现,那你的好胜心就比较强,工作中有魄力;记忆中如果你思绪很多或想不明白,那你的公平意识就比较强,容易计较得失;记忆中如果你有受惊吓,那你就容易紧张,责任感很强;记忆中如果你遇到了死亡的威胁,那么你就具有敬畏心,安全意识很强;记忆中如果你有亲人去世或哭得很伤心,那你的同情心就很强,有知心朋友。

当然,对婴儿期记忆的分析还有很多如下数据。

(1) 记忆的数量。

(2) 记忆的时间。

(3) 记忆的内容。

(4) 记忆的清晰程度。

(5) 记忆的祥和程度。

(6) 记忆中的成功和失败。

(7) 记忆中的自然境界。

(8) 记忆中的逻辑层次与关系。

(9) 其他因素。

另外,需要我们知道的是:了解自己的情绪模式有助于过滤情绪,做情绪的主人,不至于"被情绪牵着鼻子走";而了解别人的情绪模式则有助于我们理解、宽容别人和帮助别人。

三、基于婴儿期记忆的人才测评模型

人才测评是近年来逐步兴起的一项专门技术,由于科技不断进步,社会分工日益复杂,大多数的职业存在对知识经验、个人能力甚至心态的要求,对管理工作提出的要求也越来越高。如何做到知人善任,将合适的人才安排在合适的岗位,对于组织的业绩和竞争力有着巨大影响。为此,人才测评正在成为现代人力资源管理最重要的工作之一。

每一个组织的管理者都自然地会对需要的人才做出规划,也自然地以自己的方法评价相关的人。在通常情况下,我们会从人文的习惯出发,称某一个人观察能力很强,或非常实干,或心态乐观,或富有同情心等。但要系统性地评价一个人,就得依靠一定的模型来完成。目前,在人才测评方面,国内外采用了包括九型人格、RTCatch、IPMA 人力资源素质模型、罗沙测试(Rorschach Rest)、迈尔斯-布里格个性分析指标 MBTI 等多种评估方法。这些评估方法广泛采用问卷、情景、投射测验等技术,普遍存在模糊性、交叉性,分类狭少,程序化的测评不能有效排除人为因素和临时状态的影响,专家测评需要综合经验,缺乏评价的逻辑,不利于大众化的学习和掌握。

如何建立客观的、逻辑的评价模型,是每一个人力资源工作者和组织管理者长期面对的课题。下面介绍基于婴儿期记忆的建模实践。

1) 评价模型

首先,需要确定评价的要素。以往的模型依据经验选取 20 种要素或更多。这比起更早的四种气质模型划分已经进步很多。但要素的选择大多有含义的交叉,缺乏独立性,不是真正的要素。要逻辑地选择要素,必须要能与医学、人体结构具有直接的因果链。

建立评价模型时,我们可以把客观反映人体感知能力和情志为目的,将能力基本要素分为六种,将人的情绪也分为六种基本要素。这 12 个要素都能分别对应人体的感知通道和内脏器官,对应于特定的能量流转和信息传递模式,具有人体结构基础,并符合公众的认知习惯,如表 2-2 所示。

表 2-2　天赋能力对照表

对应项	天　赋					
	视觉	听力	嗅觉	口才	触觉	意觉
对应能力	观察	理解	侦查	表达	动手	逻辑
对应情绪	气怒	恐惧	悲伤	喜乐	惊怕	忧愁
对应意识	公正	安全	悲悯	爱乐	责任	得失

其次,需要为每一个要素设定能够系统反映其表现特征的等级描述。在已有的模型中大多采用列举式的描述,并未实现与人体工作机制相结合的等级标准。我们在设定每

一个要素的评价等级时,选取了三维度的等级评价逻辑,第一维度为强弱维度,第二维度为主动和被动维度,第三维度为成功和失败(增强抑制)维度。

第一及第二维度整合分为四个等级,如表 2-3 所示。

表 2-3　天赋能力强弱类型与基本标准

强		弱	
主动	被动	主动	被动
常开型	责任型	兴趣型	跟随型
A	B	C	D
随时保持感知状态,非常敏锐	有责任的时候,就能很好运用	兴趣来了,处于认真状态可主动表现	有人带领,处于庄严的心态有淡化表现

第三维度独立分成三种情形:成功模式用+表示,失败模式用-表示,平衡模式无标记,如表 2-4 所示。

表 2-4　天赋的成功与失败模式

+	成功模式	平时爱用,感觉到位	增强心力供应
-	失败模式	平时不爱用,感觉不到位	抑制心力供应

三个维度组合形成 12 个等级,最高为 A+,最低为 D-。

12 要素的不同等级组合共有一万多亿种,可以满足对历史长河每一个人的个性描述,通过对 12 个要素的每个等级进行主要特征描述,就可以形成一份《天赋与情绪等级标准》,按要素取值,构成对个人的评价结果。

2) 评价方法

评价的基本原理表述为:"三岁前记忆的任何细节都对应着一个成年人的具体个性表现。"依据这一原理,可以从一个人的婴儿期记忆中提取测评所需的要素特征,如表 2-5 所示。

三岁前的记忆存储在大脑的旧皮层,属于表层潜意识,能回忆的大都是一些碎片。回忆时需要处于安静、认真的状态,过去主要在心理治疗时通过暗示实现回忆。调查表明,人群

表 2-5　各种记忆模式的主要特征

记忆模式	常开型	责任型	兴趣型	跟随型	成功模式	失败模式
清晰度	情景再现	清晰记得	模糊记得	不记得	后果满意	后果不利
主要特征	所有记忆都有,非常强烈	被动引起,强烈,部分重构	主动,短暂,转移,不强烈	一点印象都没有,靠想象	获得,满足,努力,附加效果	失去,误判,无效,弱化

中大约 1/4 的人持续有记忆,大约 3/4 的人在非暗示的提醒或要求下能够很快实现主动回忆。

　　本模型曾作为厦门市检验检疫局实验中心的研究课题。在课题实施中,调查采取了自愿参与的方式,在约 150 人的范围内,取得 56 份有效的记忆资料,超过了 1/3 比例。这个比例证明:开展这项评估技术具有充分的可行条件。为了提高覆盖面,可以把调查口径放宽到个人最早的记忆。由于记忆的模式继承了慧根的模式,因而三岁后的记忆同样具有测评的价值,但长大后,后天语言平台的介入重构使得评估价值降低,不再具备完整的客观性,但依然有良好的参考价值,这些评价对专家的经验有一定的依赖。

　　在 12 个基本要素之间,存在大量的平衡关系,最主要的就是天赋的总得分与情绪的总得分相等,这是基于身体的能量流在天赋和情绪中是串联的路径决定的。为与现实生活对照,我们选取最典型的 8 种关系做平衡分析,以达到反映个性的真实感。帮助理解要素等级评价的结果,也方便组织的考察和个人的自我比对。这些平衡关系与人体的系统和工作具有明确的逻辑关系,可以通过学习方便的掌握,在评价过程中也是重要的工具。

　　3) 评价结果

　　在检验检疫系统的支持下,除厦门实验中心外,还有一些单位部分人员参与该课题,共计取得记忆资料 68 份。因时间关系,专家组先期手工编制了评估报告 20 份,并取得反馈信息。分为用人单位的反馈意见和个人反馈意见。

　　评价准确度个人反馈统计表如表 2-6 所示。

　　评价结果部门反馈统计表如表 2-7 所示。

　　反馈意见表明:报告的所有项目均得到充分的认可,无效率为零。在为基本有效赋予 0.6 的权重后,对个人平均有效率为 79%,对用人单位平均有效率为 89%。其应用前景非常乐观。

表 2-6 评价准确度个人反馈统计表

项目	素质测评			认知测评			职业测评			总体评价		
评价	准确	基本	不准	有效	基本	无效	符合	基本	不符	有效	基本	无效
比例	40%	60%	0	60%	40%	0	60%	40%	0	30%	70%	0
权重	1	0.6	0	1	0.6	0	1	0.6	0	1	0.6	0
加权	0.76			0.84			0.84			0.72		
平均	79%											

表 2-7 评价结果部门反馈统计表

项目	素质测评			认知测评			职业测评			总体评价		
评价	准确	基本	不准	有效	基本	无效	符合	基本	不符	有效	基本	无效
比例	70%	30%	0	90%	10%	0	40%	60%	0	90%	10%	0
权重	1	0.6	0	1	0.6	0	1	0.6	0	1	0.6	0
加权	0.88			0.96			0.76			0.96		
平均	89%											

4)分析

(1)通过记忆进行人才测评,符合客观评价的特征,记忆对于每个人而言,都是既成事实,是不变的因素。尤其三岁前的慧根记忆,完全不受长大后知识经验的影响,能很好地独立反映个人的天赋和情绪特点。不仅能看到优势,还能分析出劣势。可以系统全面地实现测评的各项目标。

(2)通过测评的结果,可以逻辑地推理出个人的工作模式优劣势,对于指导任用人才和个人改进工作方法具有科学的可信度。

(3)测评过程促使每个参与者进行早期记忆的回忆,本身是一种心理保健活动,对维护个人的记忆力、保持工作的灵感和创造性具有良好的促进作用。

(4)测评模型可以最大限度地与广大管理干部的人生经验相结合,很自然地得出系统性的评价,在没有专家介入的情况下,也能帮助提供思路,在考虑人事任用时,有一个系统化的思维路径。对于经受教育、崇尚客观和科学的科技干部,更是十分重要的辅助工具。

案例 2-1

人才测评模型分析(节选)

范某某,男,1982 年 7 月 14 日出生,170 cm/67 kg,营销经理。

① 记忆内容。

• 奶奶赶集回来,带给我一颗糖,塞进我口袋里,我那时很满足很开心。

• 家门口河边的竹丛旁,玩泥巴,捏泥人,和小伙伴们打闹,家人喊我回家,来找我的画面。

② 记忆特点。

• 记忆时:晚期。

• 清晰程度:清晰。

• 祥和程度:80 分。

• 逻辑链:2 层。

③ 优势天赋。

触觉——属于强的、责任型的、成功的触觉天赋。在责任机制下,表现出很强的动手能力。能临场判断危险,处理紧急状况,工作细心到位,令人满意地完成各种实际操作,是优秀的执行者。

视觉——属于强的、责任型的视觉天赋。在责任机制下,具有良好的观察能力,能以平常心客观完整地观察事物。在现实生活中有艺术鉴赏能力,整洁,喜欢旅游。

④ 优势情绪。

喜乐——属于强的、责任型的、成功的喜乐模式。在有任务的情形下,对有利因素高度敏感并人为放大。能自然表现出很强的喜乐感染力,营造现场氛围。有时热情过度,造成尴尬局面。

悲伤——属于强的、责任型的悲伤模式。在责任机制下,客观面对人生苦难,自然表现谦卑风格。具有良好的悲伤感染力,引导他人调整心态。富有同情心,理性诉求,善解人意。

⑤ 统合能力。

- 专注力:80 分,思维清晰,有专注力,能静下来思考,不易被骗。

- 自控力:90 分,常有幸福感,能很好控制情绪,喜欢动物和植物,遇到困难积极寻找解决方案。

- 自信力:80 分,有主见,能及时做出判断,会听取他人意见,能自己做出决定。

- 灵感力:80 分,有灵感,可以想出解决方案,能展开联想,对于其中的道理能讲得通。

⑥ 价值取向——快乐趣味。

⑦ 事业方向——实干精神。

⑧ 适合职业。

社区政工师、空乘人员、园林技师、水电工程师、考古人员、机械工程师、声像技术工程师、证券操盘手、记者、勘探工程师、工程监理师、生产厂长、营销经理等。

⑨ 工作风格。

通过主动发现情况,运用安全意识,自己主动采取措施,可以获得成功,与团队分享快乐。

⑩ 协作风格。

- 运用优势天赋观察能力发现情况,主动及时的执行力是可以以自己为主导的。在需要正式口头表达以及系统逻辑方面需要团队配合。

- 具有很强的激励团队的影响力,以及良好的凝聚团队的模式,是自己的优势模式。在得失意识及责任意识上需要团队配合和学习。

⑪ 心理压力。

压力值 4 分。在学习、社交、创新都有压力值。每一个压力点都有机会消除:如学历可以通过拜师学艺来消除压力;社交可以通过认识自己的天赋优势选择社交活动;创新则可以从工作内容的改进做起;生育困难可以通过领养孩子消除。修养则是一生的必修课。

⑫ 个性化学习方法。

- 以体验为主,在实际操作中掌握逻辑。
- 把抽象知识跟现实场景进行接轨。
- 配备专用文具方便活动以回收注意力。
- 以阅读为主,多看课外书籍。
- 反复多看,并用有颜色的笔做记号。
- 把大篇幅的知识点转化为图形表格进行记忆。

第二节　天赋与事业倾向

一、天赋原理

天赋指先天的能力。一个人生下来,一般都具有视觉、听觉、嗅觉、味觉(以下称舌觉)、触觉、意觉这六种基本能力。这些能力是元素级别的基础能力,与平时我们说的"沟通能力""领导能力""解决问题的能力"这些复合的、综合的能力要素有着本质上的区别。

例如沟通能力,沟通是"你说我听""我说你听",然后经过思考,最后达成共识的一个过程。所以,沟通能力是一种综合能力,可以作为一种能力要素,但它明显不是能力元素。构成沟通能力的元素是听觉、舌觉和意觉。六种天赋与人体的器官有着一一对应的关系,如表 2-8 所示。

表 2-8　天赋器官对应表

六觉	能力	六官	六腑
视觉	观察	眼	胆
嗅觉	探索	鼻	大肠
意觉	思维	脑	胃
舌觉	表达	口	小肠
听觉	理解	耳	膀胱
触觉	动手	身	三焦

以上这种对应关系进一步说明了六觉能力与所对应器官一样,是元素级别的能力,我们称之为"天赋"。

1. 天赋的构成

(1)视觉:是人的六觉天赋中的基础天赋,也是最容易产生分歧的天赋。视觉天赋就是观察能力,视觉好有构图和绘画艺术方面特长,也容易具有一种习气即见习,倾向"眼见为实"。

(2)意觉:是指一个人的逻辑思维能力,意觉是六觉的统领,另外的五种感官所收集到的信息都要通过意觉进行处理。意觉好可以在一定程度上弥补其他天赋的不足,但属于跟随性,会慢半拍。意觉强弱可以导致一个人的主动、被动地位,意觉好的人思维反应很快,通常被认为聪明。

(3)触觉:决定细心程度,触觉好的人倾向于动手实际操作,也比较好动,玩东西容易着迷,在体育或技术上容易做出贡献,有危机处理能力,容易对说教缺乏耐心。

(4)嗅觉:是指对事物敏感性。气味气息有强烈指向性。嗅觉好的人有很强的判断机会的能力、风险意识和侦探能力,能追根溯源。

(5)舌觉:是指一个人的口才,舌觉好的人讲话有很强的说服力,喜爱群体的聊天。舌觉也是味觉,能分辨食物的质量。通常口才好的人财运也不错。一等的舌觉容易带有诳习或诈习。

(6)听觉:是收集周围声音的能力。听觉好的人,能够做到随时"耳听八方"。听觉是一个人的理解能力,听觉好的人善解人意,争吵的机会少,爱学习,容易给人善良的感觉。

2. 天赋强弱的分类

六觉可以按强或弱、主动或被动、成功或失败三个维度进行分类,首先按前两个维度分为四个等级,具体如下。

一等:常开型,强的主动的天赋,无时无刻不在开启状态。

二等:责任型,强的被动的天赋,责任在身时会开启。

三等:兴趣型,弱的主动的天赋,对有兴趣的事物开启。

四等:跟随型,弱的被动的天赋,跟随他人意见的能力。

天赋中的第三维度为成功或失败,是一种工作模式,来自三岁前的记忆中该项天赋工作的结果,即天赋工作的结果是否符合自己的期望。例如听到声音但是被骗或做出错误的判断。讲话了,但是听者不接受;做出某个动作,结果被批评。这些属于失败模式,导致该项天赋在日常中会较少被运用,并在对陌生事物第一次运用时出错,要重复运用才能达到应有的状态。反过来,成功模式有激励作用,日常就会多用,但用的却不一定是优势的天赋。例如爱说话却没有影响力,爱写科普文章却不代表逻辑思维强。

3. 天赋的层级

在六种天赋中,意觉处于统领地位;听觉和舌觉也是具有综合性的天赋;视觉、触觉、嗅觉则独立性较强,属于不具足的天赋,容易出现分歧,在群体中共识较弱,如图 2-5所示。

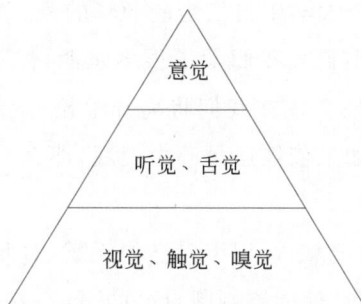

图 2-5 天赋的层级

因此,前三项天赋有优势的人比较容易获取社会地位,后三项有天赋的人则性格比较被动,成熟比较晚,为人也比较低调。在意识心理机制中,前三项天赋与内心活动更接近。

4. 优势天赋的决定性

每个人的天赋都会同时具备六种天赋,但由于各种天赋的等级不同,因而表现出特长和薄弱能力。从六项天赋中提取排位在前两项的天赋,构成一个人的优势天赋。优势天赋决定了人的最主要能力和特长,因而容易在需要这些天赋的领域取得成就。如果第三排序的天赋等级与前两项无法分开,则表示这个人属于平衡型的天赋结构,通常适应能力较强,但不会在某一方面表现突出。如果是一项天赋特别突出,而且是一等的,则属于特长型。

天赋等级为四等或排在六种最后的天赋,是一个人的能力薄弱项。当需要用该项能力时,最容易出错和被他人批评。认识自己的薄弱能力可以适当借助于他人。当然,排序为第四等的天赋是很少见的,当一个人某项能力缺失的时候,一般在其他天赋上有突出的表现。

二、优势天赋决定事业方向

1. 天生我材必有用

"天生我材必有用"出自唐代诗人李白的《将进酒》。这句诗用在职业生涯规划中实在是再贴切不过了,一语道破了其中的关键。这句诗包含了三层意思:一是"我是人才",二是"我的才就是我的天赋",三是"我的才必然得到使用"。李白的这句诗是一种充满了正能量的人生观,它是我们每一个大学生自信走向职场的豪言壮语。

回顾我们的学习生涯,从小到大我们学了很多东西,但不知道记住了多少,将来能够用上多少,一切都感觉那么没底。现在我们将离开学校,走向社会,面对职场,对此,说心里话,你建立了多少信心呢? 如果依然还是心中没底,那么,你可能需要静下心来,好好地认识自我。

认识自我就是认识自己的天赋,认识了自己的天赋,对照现实表现就可以觉悟到自己的人生使命;觉悟到了人生使命,就能够判断自己的事业;有了事业,还怕不清楚自己做什么职业吗?

认识自我是一个不断觉悟的过程,关键如下。

首先,"天生我材必有用",你必须承认你是这个世界上独一无二的人才,最不济也是某一类人才。

其次,你必须弄清楚自己的天赋,你的天赋加上学来的知识经验是你成为人才的关键因素。

再次,你最好是使用你的天赋去做一些有意义的事,从而让自己的人生彰显价值。

上述第一点和第三点属于思想上的觉悟,意思是理解了、认同了就能做到。比较麻烦的是第二点,你要了解自己的天赋结构。关于这个问题有两个解决渠道:一是专家分析法测评;二是自己排序法测评。本书的第三章第二节有详细介绍。

比较糟糕的情况是这样的:一不敢肯定自己是人才;二不知道自己是什么类型的人

才;三不知道做什么事有意义。如果你认为自己是这种人,也无须过于不好意思,因为这种人或许满大街都是。你若问这个问题的成因,其根源当然会归结到文化与教育——我们知道这个答案的教师太少了。

抱怨不能解决任何问题,迷迷糊糊的日子已经成为了过去。现在我们要做的还是"抬起头、朝前看"。而这本书出版的目的就是帮助同学们反省自我、认识自我,尽可能早一点"抬起头、朝前看",最终成为一个对民族、对人类有较大贡献的人才。

2. 不同优势天赋的事业境界

"天生我材必有用",有才就有用,要用必有才。"才"和"用"是一对耦合关系,相辅相成,不会独立存在。那什么样的才该怎么用? 什么样的事业需要什么样的才呢?

不同的优势天赋应该做不同的事业,不同的事业也需要不同类型的人才,如表 2-9 所示。

表 2-9 不同优势天赋对应的事业境界

项目	事业境界	业界精英代表
意觉	智慧圆融	哲学家、数学家、谋士
舌觉	欢乐无限	演说家、美食家、歌手
听觉	止于至善	音乐家、调琴师、学者
视觉	艺术人生	书画家、鉴赏家、导演
嗅觉	探索精神	探险家、资本家、刑警
触觉	实干精神	武术家、舞蹈家、工匠

例如,最强的天赋表现描述如下。

(1)视觉:具有极强的观察能力,随时保持感知状态。在现实生活中经常表现出灵感的结构思维和形象思维,具有卓越的记忆力,寄情山水、流连忘返,有机会成为画家。

(2)听觉:对各种声音信息保持感知状态。具有极强的理解能力,透过简短的声音,即可对事情了然于胸。具有卓越的声音辨析和记忆能力,有机会成为音乐家。

(3)嗅觉:具有极强的侦查能力,对各种气味信息保持感知状态。可直接通过气息判断事情的来龙去脉;具有卓越的气味辨别和记忆能力,是一个天才侦探。

（4）舌觉：具有极强的语言表达能力，随时随地都能把道理说得非常透彻，直入听者心性。具有卓越的语言记忆能力，自己说过的话极少遗忘，是一个天才的演讲家。

（5）触觉：具有极强的动手能力，自动保持通过动作、实干解决问题、处理危机的状态。动作敏捷，浑然天成。身体协调性好，是一个天才的运动员或舞蹈家。

（6）意觉：具有极强的逻辑能力，自动思考各种事件的过程，擅于探寻逻辑根源，从中领悟深刻道理，追求智慧圆融，是天才的哲学家、数学家。

事业做到极致就会出现一种境界。境界是一种全息状态，达到这个状态就能反映事物中蕴含的道理，也叫"合道"。当我们的事业做到这个境界时，不但自己可以获得一种超乎寻常的愉悦体验，对周围的人也有一种美的宣示。或许，只有到了这个境界的时候，才知道什么是"雅"，什么是"俗"。

案例 2-2

细听《二泉映月》——领略阿炳的音乐境界

那就让我来说说我的故事吧。

这是一个令人心酸的故事。发生在一个支离破碎的时代，一个月光如水的夜晚，一个毫不起眼的民居院落里面……

伴随着一声响亮的啼哭，一个新生命诞生了，我来到了这个世界上，一切本来是那么美好。但是，命运却和我开了一个玩笑，母亲因为受不了世俗的偏见，在我出生后不到一年就自杀了，沦为了封建礼教的牺牲品。记得就是那天，一个血色的黄昏，我的天塌了。

年幼丧母对我的影响非常大，但即使悲痛，生活也要继续下去啊。在父亲的督导下，我勤学苦练，用心钻研，不久就熟练地掌握了多种乐器的演奏技艺。但这其中的艰辛苦楚，又有谁能体会到呢？多少个夜晚，我一边练着琴，一边想念我的母亲。我偷偷地抹着眼泪，将对母亲的思念一点一滴都寄托在音乐上了。我不解，我悲愤，这是怎样的命运啊？我对天呐喊、呐喊——这是为什么啊？为什么会这样啊？细细琴弦划破了我的手指，但是我已经感觉不到了疼痛。老天爷冷冷地看我，没有任何回答。从此我开始变得越来越叛逆不羁。

不羁的生活带来的是荒唐的后果,我双眼失明了。这让我再一次陷入了无边无际的绝望之中。心中的悲凉如无情的夜色,空空荡荡的,弥漫着死亡的气息。感觉到死亡的威胁,我恐惧了,颤抖的琴弦此时此刻释放出了我心中的最强音:啊——啊——啊——! 我如狮子般怒吼了,我不甘啊! 但,这又有什么用呢? 命运如此啊! 我只能认命了。

月光下,小街边,有一个双目失明的老者,默默地拉着他心爱的二胡,反复向路人述说着他悲凉的故事。琴声依旧,却让人感觉到悲而不伤。余音袅袅不绝,承载着一丝明悟,向着虚空悠悠而去……

3. 如何看待现实与梦想

路人甲:"人应该现实点。"

路人乙:"人不能太现实。"

不难看出,路人甲与路人乙的辩论是基于人生观的,其主题就是现实与梦想。在这里,我们把现实定义为眼下能够把握的事物;梦想则是渴望,是人类最天真、最无邪、最美丽、最可爱的愿望。

当梦想和现实成为一对矛盾的时候,在它们之间俨然存在着一个平衡点,我们姑且把这个平衡点叫"社会现实平均线"。高于社会现实平均线的称之为梦想,低于社会现实平均线的称之为现实。梦想与现实的本质是个人的愿望。这种愿望我们按人群分为两种情况:一种是现实型;另一种是梦想型。路人甲与路人乙分别是现实型与梦想型的代表。

现实型的人是相对保守的,他们认定了"人就是要现实点"这个观点。他们一觉醒来,就要面对一切苦难,面对一切残酷,面对一切尔虞我诈,每天如此。现实的人大多挣扎在社会现实平均线以下,当接近这根线水准达到小富时,立即就产生"小富即安"的满足感而不再进取,因为当解决了一个问题之后,新的现实问题又随即产生。如此循环往复。例如,那些认定"打卡""打工理论"就是现实型人的典型表现,他们永远受到社会现实的制约。

梦想型的人是开放的,他们认定"不想当将军的士兵不是好士兵"。他们永远不会盯着眼前的一点利益,不满足于浅尝辄止。当他遇到问题时,看到的大部分都是机会,即使遇到困难暂时被打回现实,也不会气馁而一蹶不振,他们会再次弹回到梦想的状态。正如歌词所言:"风雨中,这点痛算什么,因为我们还有梦。"这种状态叫超越现实,因为"取乎其上",即使回落也会"得乎其中",依然在社会现实水平线之上。十足的愿力(志向)不断地、反复地提起"社会现实水平线",以至于拉动社会现实水平线逐步提升,社会也因此得到不断进步。

在我们的职业生涯中,总是避免不了现实与梦想的冲突。这样的矛盾甚至在高考选专业的时候就存在了。其实,扪心自问,我们每个人心中原本都是有梦想的,并都想成为一名"追梦人"。可是为什么我们听到的更多的是"理想很丰满,现实很骨感"呢?

因为你周围大部分人都不了解自己,他们对自己的梦想不敢确定,在经受过几次挫折后就选择了放弃,转而把握现实。

中国梦,是习近平总书记于2012年11月29日提出的重要指导思想和重要执政理念。一个国家有梦想,一个民族也有梦想。我们是中华民族的一份子,我们每一个人也应该有梦想。

三、基于优势天赋的学习方法

1. 因材施教与个性化教育

教学活动不同于一般的生产活动,它的教育对象是各个不同的有着独立意识的人,这就决定了教学活动中不能用同一种方式、方法同时教育好所有的受教育者。孔子很早就注意到这一点,并创造性地施行了因材施教的教学方法。孔子说:"中人以上,可以语上也;中人以下,不可以语上也[①]",这并不说孔子要把人分个三六九等,而是说孔子能够正视学生资质上存在的差异,根据学生自身的志趣、智慧和能力,有选择地施以不同的教育。这就是因材施教,意思是教师要从学生的实际情况、个别差异出发,有的放矢地进行有差别的教学,使每个学生都能扬长避短,获得最佳发展。

因材施教实际上就是我们平时说的"个性化教育"。个性化教育的发展情况如下。

美国特色的个人主义、实用主义以及各种生存和发展的思想相互配合,形成了美国个性化教育,其特点是重视儿童个性发展在教育中的中心地位,强调儿童的表现力、主动性、创造性以及各种活动能力、交际能力的培养等。美国小学比较重视优秀学生的脱颖而出,

---

① 论语《雍也篇第六》第二十一章。

专设有高智班和资优班。中学学校根据学生的不同情况,为每个学生排出课程表,除必修课外,有大量的选修课。

芬兰 1999 年颁布的《芬兰高中教育法案》明确规定:所有的芬兰高中都要采纳"不分年级制"的教学模式。高中学制为较有伸缩性的 2~4 年学制,不同的学生可以根据自身智力、学习基础、学习计划进展和学习兴趣等情况,在完成学校规定学习的基础上,由自己决定用两年、三年或四年完成高中教育。

日本学校根据个性化要求,限定班级人数不超过 40 人,打破传统班级和学年界限,根据学生实际程度和要求组合学习形式,采用"课程轨道制",不使用统一的授课时间表,而根据学生的个性能力,把一门学科或不同学科编成"轨道",执行不同的教学计划,采取不同进度授课。

中国的个性化教育在实践中,一些教学实验研究从 20 世纪 80 年代初至今,已经创造出了丰富多彩的个性化教学模式。例如,杭州市天长小学与杭州大学教育系合作开展的"小学生最优发展综合实验"、黎世法教授主持的"异步教育实验"、上海市教育科学研究所"初中学习困难学生教育的研究"课程组开展的"分层递进教学实验"、上海建平中学的"学生个性化发展综合实验研究"、山东烟台市教科院主持开展的"学科课程异步教学实验与研究"等。大量的实验研究,为我们探索个性化教学的价值与规律、构建促进学生个性化发展的有效教学策略奠定了一定的基础。

个性化教育必然要以对被教育者个性了解为前提。个性化教育有两方面的意义:一是老师了解和理解学生,有条件设计个性化教育方案;二是学生本人认识自己的智能结构和优劣势,可以调整自己的学习方法,使学习效率提升,更好地完成学习任务。

例如,个性化教育中,针对不同个性学生的引导方法如表 2-10 所示。

表 2-10　不同个性的引导方法

个性	特点	引 导 方 法
喜乐	兴趣爱好	(1) 对于想得对的、做得对的要给予鼓励。 (2) 帮助分析、提升认识,找到行动的利益。 (3) 通过恐慌(对他人的损害),促使其产生敬畏而改变

续表

个性	特点	引 导 方 法
气怒	争强好胜	(1) 建立并遵守公正的规则,促使其行动,强化正确的行动力度。 (2) 帮助分析社会规则,鼓励竞争、发表不同意见。 (3) 用同情感化恨意,促使其放弃过激行为
忧愁	委婉执着	(1) 有思想、懂事是好的,烦恼即菩提,应予赞美。 (2) 先天下之忧而忧,追求真理,启发他人。 (3) 塞翁失马焉知非福,不懂放下,难成大器
惊怕	追求完美	(1) 对于取得的成绩给予肯定,鼓励学生制定较高的学习目标。 (2) 天下兴亡匹夫有责,建立学习的使命感。 (3) 君子有所为有所不为,因小失大,令人失望
恐惧	追求稳定	(1) 有敬畏心、遵守规则是对的,应予表扬。 (2) 视乎其上,得乎其中,有实力才安全。 (3) 安于现状,碌碌无为,勇于创新,实现价值
悲伤	追求关注	(1) 考虑不利因素不是坏事,应予理解。 (2) 天生我材必有用,找准优势,利己利人。 (3) 有梦才有未来,微笑面对困难,要有正能量

2. 不同优势天赋对应的学习方法

在我国目前的教育体制中,课堂讲授是主要教学方式,比较重视学生视觉、听觉和意觉的工作,而舌觉、触觉和嗅觉则用得比较少,尤其是嗅觉,几乎不用。这样对于视觉、听觉和意觉比较差的学生而言,因为没有用到自己的天赋,所以学习起来就相对比较困难。他们更喜欢在想象(嗅觉)中学习、在活动(触觉)中学习、在教导(舌觉)中学习。

其实,不同天赋对应的学习方法是不一样的,如表 2-11 所示。

表 2-11 不同天赋对应的学习方法

天赋	特点	学 习 方 法
视觉	阅览观察	(1) 以阅读为主,多看课外书籍。 (2) 反复多看,并用有颜色的笔做记号。 (3) 把大篇幅的知识点转化为图形表格进行记忆
听觉	倾听理解	(1) 以听讲为主,通过倾听不同说法理解逻辑。 (2) 把握上课时间,认真听老师讲。 (3) 多提问,多听课外音频教材

续表

天赋	特点	学 习 方 法
嗅觉	形象判断	(1) 以自学为主,彻底掌握基础逻辑。 (2) 相信自己的直觉,避免过度想象而偏离主线。 (3) 用鱼骨图或思维导图对知识进行归纳演绎
舌觉	传播表达	(1) 以诵读为主,通过复述、辩论、理顺逻辑。 (2) 积极参与课间互动,找机会给同学上课。 (3) 多上台演讲,积极参与各种辩论会
触觉	实践操作	(1) 以体验为主,在实际操作中掌握逻辑。 (2) 把抽象知识跟现实场景进行接轨。 (3) 配备专用文具方便活动以回收注意力
意觉	系统逻辑	(1) 以自学为主,在因果条件推理中掌握逻辑。 (2) 对于写作需要增加感情投入,避免枯燥说理。 (3) 课前强调预习,考试后强调订正

"活到老,学到老。"学习是一辈子的事,拥有适合自己天赋特点的个性化学习方法对每一个人来说都非常重要。尤其对那些不太适应课堂教学的学生来说更是具有非同小可的意义。

对此,我们可以通过解析三岁前的记忆了解自我,从中了解自己的优势天赋,从而掌握自己个性化的学习方法,让学习变得事半功倍。

案例 2-3

六种天赋能力的自我测评问卷

所有问题对测评结果没有优劣之分,请按您的真实想法进行勾选。在勾选时,请仔细鉴别差异。每道大题只能选一个最符合自己的。

一共有六道单选题,每道题又有四个大项,每个大项分三个小项,均对应不同的素质状况。(选择 A1 或 D4 要特别小心,因为那是一种极限)

(1) 当大家为旅游地点争论不休时,你想到的是:

A. 有一个地方太美了,总想着再去。

① 去与不去已没有什么分别了。

② 每次去了都流连忘返。

③ 其他地方就无所谓了。

B. 提到的几个地方,我都想去,博览群山,悠然自得。

① 很幸运,玩了不少地方。

② 有旅游我就参加。

③ 需要考虑条件限制。

C. 选择有不同特色的地方去,一探究竟。

① 有些地方蛮值得去的。

② 看看还不错。

③ 其实也差不多。

D. 旅游太累,花钱多但结伴而行可以联络感情。

① 一起玩还是挺开心的。

② 玩过就好了。

③ 太无聊了。

(2) 客户突然打电话说有重要的事要面谈,你通常:

A. 听到对方的语气,就心中有数了。

① 完全正确。

② 大致不出所料。

③ 对方表达不畅时,我会打断对方。

B. 对方表达意图,就心中有数了。

① 经过确认,判断基本准确。

② 经过充分交流,了解对方意图。

③ 对方过于唠叨,我会反过来请他确认。

C. 对于重要事项,我会要求对方直截了当说明。

① 想知道的都能了解清楚。

② 情况基本掌握。

③ 不相干的事我会不耐烦听。

D. 我就怕这种事,摊上了只好去。

① 大致了解对方意图。

② 对方谈半天也不知道谈些什么。

③ 神经病,这么无聊的事也来找我。

(3) 当你急需某件物品,但又忘记放在哪里时,你通常:

A. 略想一下,很快就能找到。

① 没有找不到这一说。

② 一般都能找到。

③ 偶尔也找不到。

B. 好好回忆一下就能找到。

① 都能回忆出来。

② 回忆有些模糊。

③ 偶尔回忆不起来。

C. 大致知道要去哪里找。

① 方向只有一个。

② 同时有两个方向。

③ 同时有三个以上的方向。

D. 经常找不到,只好求助别人。

① 谁找没关系,关键是有用就可以了。

② 跟他(她)一起找。

③ 为节约时间放弃寻找。

(4) 与陌生人沟通时,您的表现是:

A. 站在对方的立场,让语言自然流露。

① 总能传递境界。

② 道理是讲出来的。

③ 吹吹牛,添情趣。

B. 沟通是解决问题的基础,把需要表达的观点表达充分。

① 把道理讲通了,就能让对方理解。

② 相互尊重,平等交流。

③ 过于直白,有时冷场。

C. 主动寻找共同的兴趣点,营造良好的沟通氛围。

① 总会有合适的话题。

② 看缘分吧。

③ 话不投机半句多。

D. 谨慎应对,言多必失。

① 沉默是金。

② 高兴时就多说几句。

③ 不要与陌生人说话。

(5) 通过没有红绿灯的斑马线:

A. 任何情况下都能快速通过。

① 天下无贼。

② 家常便饭、小菜一碟。

③ 能把别人吓到。

B. 在有急事的情况下,尽快通过。

① 游刃有余。

② 该过就过。

③ 该退一步的时候,不抢。

C. 选择时机,在有把握时通过。

① 悠闲自得。

② 能过就过。

③ 感觉这年头不守规矩的人太多了。

D. 跟着其他人一起过。

① 平安是福。

② 别人过,我也过。

③ 站在马路边哭了起来。

(6) 对需要思考的问题:

A. 平时沉迷于思考,但很少去做。

① 一切明了,再无疑惑。

② 绝大多数的事情都想得比别人清楚。

③ 有些事懒得想。

B. 遇到事情,三思而后行。

① 磨刀不误砍柴工。

② 人无远虑必有近忧。

③ 想多了很难执行。

C. 边做边思考,效率更高。

① 事情就是这样解决的。

② 简单实用就好。

③ 想不通也得做。

D. 天塌下来有个子高的顶着,我只管做事就对了。

① 该做的我做了。

② 想那么多干嘛。

③ 我这辈子就没有想清楚过一件事。

天赋强弱对照表如表 2-12 所示。

表 2-12 天赋强弱对照表

强		弱	
主动	被动	主动	被动
常开型	责任型	兴趣型	跟随型
A	B	C	D
随时保持感知状态,非常敏锐	有责任的时候,就能很好地运用	兴趣来了,处于认真状态时,可主动表现	有人带领,处于庄严的心态时,仍有淡化表现

六道大题分别对应视、听、嗅、舌、触、意(六觉)的能力强弱。例如,选择第(6)题的C1,那么你的意觉(逻辑思维能力)属于"弱的、主动的、兴趣型的"能力特征。

第三节 性格与人际关系

性格,《现代汉语词典》的解释为:主要表现每个人在对人、对事的态度和行为方式上所表现出来的心理特点,如开朗、刚强、懦弱、粗暴等。

性格,《辞海》的解释为:主要表现在人对现实的态度和行为方式中较稳定的个性心理特征。它是个性的核心部分,最能表现个别差异。性格具有复杂的结构,大体包括如下。

(1)对现实和自己的态度特征,如诚实或虚伪、谦逊或骄傲等。

(2)意志特征,如勇敢或怯懦、果断或优柔寡断等。

(3)情绪特征,如热情或冷漠、开朗或抑郁等。

(4)情绪的理智特征,如思维敏捷、深刻、逻辑性强或思维迟缓、浅薄、没有逻辑性等。

著名心理专家郝滨先生认为性格是关于个体的思想、情绪、价值观、信念、感知、行为与态度的概括。

长久以来,国内外学者对于血型与气质、性格之间的关系进行了大量的研究,也得出了很多规律性的结果,例如,多数学者认为:A型血崇尚完美主义,具有牺牲奉献的精神,擅长协调;B型血喜欢感情用事,个性爽朗、心肠软;AB型血天生自信,但内心矛盾,做事有些"另类";O型血追求浪漫主义,内心善良、疾恶如仇……

心理学专家孔自来老师认为性格跟血型没有关系。他认为人的性格是人的一种行为表现,性格属于精神范畴而不属于物质范畴。由于性格不是遗传基因物质,因此不存在遗传性。人的性格只是在人出生以后,受环境等诸多因素潜移默化的影响而逐步形成的,如人生经历、成长环境、家庭背景、现实的刺激等。

关于性格研究的理论与模型非常多,心理学界到目前也没有一个统一的说法。笔者所在的团队经过长达七年的潜心研究,发现性格是"性"之"格"的意思,解释为性情的模式,其中性情指的就是情绪。基于此,我们给性格重新定义为"情绪的模式",并在这个基础上,总结出了"情绪原理"。

一、情绪原理

1. 情绪的定义

情绪属于人的固有智,在人体受到过度刺激的情况下,情绪用于抑制、削弱、转移六觉感受所引起的能量聚集。利害关系及强度的差异会导致不同的情绪表现。

2. 情绪的起源

作为一个未成年人,当引起六觉的刺激信号过度强烈时,其能量聚集将超过阈值,从而容易导致生长发育过程受损,此时情绪启动其保护机制。成年后,情绪作为人的固有智,当遇到问题、麻烦或困难时,六觉感受依慧根的行为模式启动工作,也同时表现出情绪,这是情绪的正向缘起。

3. 情绪的交感

当他人的情绪启动时,通过交感也会诱导自身的情绪进行工作,同时带动六觉敏感地捕获信息,这个过程属于情绪的逆向诱导。

通常人们所说的"不要去触他那根筋""底线""逆鳞",都是意指这个人带有怒的情绪模式。怒与肝联络故叫筋,这根筋其实就是慧根所带的行为模式。不同的情绪也有交感作用,如怒引发恐惧,恐惧引发忧愁,所有情绪都能引发悲伤。

4. 情绪的退出

13岁,人体发育完成,具有生育能力。悲伤的情绪以其内敛,济于心源,故合于道。其他情绪模式则随个人的学习、修养、修行的完成程度,逐渐转化为悲伤而得以消除。故年纪越大,情绪越淡,慈眉善目。当成熟个体的行为不符合本愿之道时,则会出现伤心的状态。合于道则悲而不伤,悲而不伤至纯净时,为慈悲。慈悲心可以生发愿望,愿望至真将产生愿力,愿力生发能力,故曰"慈悲心生一切法"。

当成年人的某种情绪出现时,其退出机制需先以悲伤模式进行化解,如果此时再讲道理使之与意觉产生联系,则可以迅速恢复理智;若只以理相论,则不能达到目的;若论理者引出相应的情绪则可能引发情绪的交感,导致情绪大爆发,这就是情绪产生的逆向诱导机制。例如,一方发怒,引发另一方的怒,怒习相陵,引起双方的情绪失控。

5. 主导情绪

在慧根中,主导情绪若为悲伤,则以悲为主导的模式在 13 岁的时候不会产生逆反;倘若由其他情绪主导,则其模式为偏,退出时不畅,自然产生逆反心理,需要通过学习悲伤慢慢矫正。

6. 天赋与情绪

慧根记忆中的六觉为天赋,依清晰程度,天赋和情绪模式都有等级之分。当主导天赋高于主导情绪时,天赋可以得到正常顺利发挥;当主导情绪高于主导天赋时,天赋未充分工作即被情绪影响。这样的情况通常表明伤害已经形成,内隐导致某些疾病的生理。当主导情绪与主导天赋相当时,工作时纠缠情绪,时好时坏,"亦正亦邪"。也容易不被理解,自身也会有较多的困惑。

7. 六种情绪模式

(1)恐:抑制模式。当人遇到威胁生命安全的信息时,强力调动聚集全身的能量,快速显著超过感受阈值,恐惧模式立即启动,抑制感受器自动拒绝继续捕获(感受)信息,同时将聚集的能量向四周散发出去,使能量没有停留。人恐惧到极点时表现茫然,大脑感觉一片空白。四散的能量还可能导致虚假变形的六觉感受判断,出现幻听、幻觉或幻相。慧根里的恐惧模式,常因能量过大导致不同程度的伤害,是许多医学上的不治之症的根源。

(2)怒:转移模式。转移方向为舌觉,如破口大骂;或触觉,如拍案而起。一般来说,这类易怒的人体能较好。引起怒的情绪没有带有太强的对安全有危害的信息,所以能够调动身体的能量,逐渐聚集成型。当捕获信息工作完成,或捕获到一定的程度感受已经成型不用再捕获时,感受过程完成,这时才将能量进行转移,定向发泄,形成怒。其中,烦也属于怒,烦的聚集能级较低,烦到极致就是怒。

(3)惊:削弱模式。感受到意料之外的刺激时,能量快速调动起来,强大的能量可能超过感受器的阈值。固有智快速启动惊怕模式,边判断边削弱聚集的能量,此时对刺激信号的感受判断弱化,如声音听起来变远了。削弱的能量有序转移。转移方向可为触觉(如惊出一身汗),也可为口觉(如惊叫)等。如能量有序削弱转移失控,则情绪模式向恐惧转化。

(4)忧:流转模式。转移到意觉,具有内延性。忧使六觉感受聚集的能量沿逻辑思路次第启动意觉感受,从而进行绕圈子式的循环、流转。感知的不利信息一旦被验证,此时聚集的能量累积集中,情绪模式向怒转化为"忧愤",向悲伤转化为"忧伤"。

(5)喜:淡化模式。完成对刺激信息的捕获,能量聚集成型,根据受刺激的强度的不同,在自然的扩散释放中产生快乐状态,能量过强释放时失控,表现为舌觉、触觉等,产生激动状态。

(6)悲:六情的统领,转移和抑制模式。悲具有内收、内守、下沉的特点。当意觉受到过度的刺激,不利的既成事实,无法改变。或忧的失控模式,即所忧的事实得到了验证,没有希望,绝望了,于是一沉到底。悲到极点时必然受伤,此时通过三种方式转移:一是舌觉,如哭,二是触觉:如心痛、手足冰凉,过度也伤身生病;三是回归意觉,如想到其他方面。意起于心、悲回于心,回归心则会生其他意觉。悲不仅跟心有关,还和"愿"有关,符合正道的愿可以引导悲不至于伤害身体。成熟的心智认定不利的苦是无法改变的既成事实,因而能降低愿望,提高阈值,悲而不伤。

二、个人价值观形成与人际关系

价值观是指人们在认识各种具体事物功能的基础上,形成对事物价值总的看法和根本观点。一方面表现为价值取向、价值追求,凝结为一定的价值目标;另一方面表现为价值尺度和准则,成为人们判断价值事物有无价值及价值大小的评价标准。简单地说,价值观是人们判断事物或行为有没有价值的标准[①]。

价值观有如下特性[②]。

(1)价值观是因人而异的。由于每个人的先天条件和后天环境不同,人生经历也不尽相同,每个人价值观的形成会受到不同的影响,因此,每个人都有自己的价值观。在同样的客观条件下,具有不同价值观和价值观体系的人,其动机模式不同,产生的行为也不同。

(2)价值观是相对稳定的。价值观是人们思想行为的基础,是随着人们认知能力的发展,在环境、教育的影响下逐步培养而成的。人们的价值观一旦形成,便是相对稳定的,具有持久性。

(3)价值观在特定的环境下又是可以改变的。由于环境的改变、经验的积累、知识的

---

① 邱仲潘,叶文强,傅剑波,朱智杰编著,IT 企业文化,清华大学出版社,第 63 页。

② MBA 智库百科。

增长,人们的价值观有可能发生变化。

1. 个人价值观的成因

下面举一个例子。小明和弟弟都分到三个桃子。桃子都有大有小。小明选择了个头较小的先吃,而弟弟则选择了大的先吃。小明认为:大的好吃,应该留在后面慢慢品尝。弟弟则认为:大的好吃,应该以最快的速度享受掉。结果,弟弟很快吃完了所有桃子,觉得不过瘾又瞄准了哥哥的桃子。小明这下抓狂了,他舍不得把剩下的这个又大又红的桃子让给弟弟吃。他心想,如果先吃大的就好了……

还有一个例子。很多家长对于孩子找工作有着不同的看法。有的家长认为,一定要找一个稳定的工作,最好去机关事业单位。有的家长却不认同这样的观点,他们认为去机关事业单位虽然很稳定,但也很难有所作为,而富有挑战的工作更能锻炼人,成就一番事业。家长的想法不一,于是孩子不知道该听谁的。

心理学界大部分的学者认为:个体价值观(以下简称价值观)形成的原因是这个人的内因与外因结合。其中,天赋个性是其价值观形成的内因,人生观则是其价值观发生改变的外因。

1) 价值观形成的内因

价值观与其他观念一样,也是一种意识形态。而意识形态的核心究其根本还是记忆及其应用模式。例如,一个人喜欢吃甘蔗,即使刚刚吃饱,可一看到甘蔗就想买回去吃,还特别认真地对别人说甘蔗是这个世界上最好吃的水果。有人感到奇怪,就问他为什么这么说,他说自己很小时就喜欢吃。从这个例子我们看出:"世界上最好吃的水果是甘蔗"就是他的价值观了,"从小喜欢吃"是支撑这个价值观的原因,"一看到甘蔗就想买回去吃"则是受"最好吃"这个价值观影响的行为表现。

我们分析价值观成因的内在因素,当然不能满足于"喜欢"这个原因,应该探究"喜欢"背后更深层次的因素。在前面"记忆是思维的本底"的章节中我们有提到这个问题。其实,喜欢是一种情绪,是情绪"喜"的表现。为什么会喜?因为捕获(看到)到了符合心愿的信息——甘蔗。那什么是心愿呢?心愿是一种潜意识,通常也叫欲望。潜意识的产生也是有信息来源的,这个来源就是甘蔗的甜味这个信息形成的记忆,而且是婴儿期的记忆。

通过上面的举例分析,我们得出了一个结论:一个人某种价值观的成因对应于这个人婴儿期记忆的相关信息。由此我们可以推论：

(1) 记忆中喜强，价值观则倾向乐观，因此会"先吃大桃子"。

(2) 记忆中悲强，价值观则倾向悲观，因此会"先吃小桃子"。

(3) 记忆中恐强，价值观则倾向保守，因此会"选择稳定工作"。

(4) 记忆中惊强，价值观则倾向完美，因此既会认真，也会较真。

(5) 记忆中怒强，价值观则倾向好胜，因此会认同制度公正。

(6) 记忆中忧强，价值观则倾向奢求，因此会追求分配公平。

2) 价值观形成的外因

价值观的形成跟外部环境因素息息相关。但外因还需要通过内因起作用。不可否认，外因可以改变一个人的价值观，但是这种改变是基于一种外部的强制或本身的觉悟，非本性(天性)使然。也正因为如此，才有"江山易改，本性难移"的说法。

先说第一种情况，基于外部的强制而发生的改变。

还是拿大学生毕业找工作来举例。一个记忆中恐惧占主导地位的人，其内心是缺少安全感的，于是他的价值观总体倾向保守。因此，"选择稳定工作"应该符合内心的愿望。但是，因为外部环境的原因，他如果想要去政府事业单位工作，只有去西部当"村官"这条路。他真心不想去西部，所以他放弃了当"村官"这份"稳定"的工作，然后去了人才市场，开始寻找那些"不稳定、有挑战"的工作。这种情况下，他的价值观就因外部的强制因素而发生了改变。

再说第二种情况，基于自身觉悟而发生的改变。

接着上面的例子说。面试官相信他并录用了他。于是他开始在互联网这个新兴行业努力，一干就是五年，其中还跳槽了两次。在这个过程中，他惊叹互联网发展的日新月异，同时也在不断调整自己，磨炼自己，挑战自己，还忍痛放弃了几次考公务员的机会。现实与梦想的差异造成了他内心的矛盾——到底是需要稳定还是变化呢？在无数次的反思后，他终于觉悟了："我为什么还执着于稳定呢？我要稳定做什么呢？没有理由啊！工作再不稳定也饿不死呀！只要能把自己的天赋能力用好，为这个社会创造了价值，做什么不可以？怎么做不可以？为什么非得要稳定呢?"他的价值观在这一刻不再是表面发生了改变，而是真正地发生了改变。

这个大学生的价值观为什么会发生了如此的改变？因为他觉悟到了人生的价值所在,建立了一个正确的人生观,所以他已经不再纠结并受限于自己的性格特质,从此他脱胎换骨、焕然一新。

综上所述,价值观的成因源自性格,价值观的变化是基于对社会的认识与对人生价值的领悟。因此,要想对价值观做出理性的选择,就需要我们在认识自我的同时认识社会,觉悟人生。

2. 不同天赋性格表现的价值观

最新的研究表明:天赋或性格不同,其主要价值观也不同。在这里,我们做成表格进行归纳。

(1) 不同天赋表现的价值观,如表 2-13 所示。

表 2-13 不同天赋表现的价值观

名称	素质代表	典型价值观	事业境界	适合工作
视觉	观察能力	文字、实证、婉转、观望、感性	艺术人生	现场考察
听觉	理解能力	继承、冷静、反问、服从、理解	止于至善	沟通谈判
嗅觉	侦查能力	保密、防备、迷信、想象、创新	探索精神	探索机会
舌觉	表达能力	指挥、宣传、直白、冲击、传播	欢乐无限	宣传推广
触觉	动手能力	实验、实施、执行、决断、操作	实干精神	现场执行
意觉	逻辑能力	理性、自信、正信、策划、理论	智慧圆融	策划研究

(2) 不同性格表现的价值观,如表 2-14 所示。

表 2-14 不同性格表现的价值观

名称	素质代表	典型价值观	价值底线	适合工作
喜乐	爱乐意识	包容、开朗、激动、冒昧、乐观	快乐趣味	人际交往
气怒	公正意识	外向、刚强、抱怨、逆反、严肃	公正尊严	监督审计
忧愁	公平意识	缓和、奢求、执着、忧虑、内向	合理分享	绩效计算
惊怕	责任意识	完美、顿悟、淡漠、柔弱、担当	认真负责	督导提醒

续表

名称	素质代表	典型价值观	价值底线	适合工作
恐惧	安全意识	持重、忍让、认命、保守、出离	安全稳定	安全保管
悲伤	同情意识	悲观、随缘、变通、忍耐、苦行	同情关怀	凝聚团队

3. 个人价值观对人际关系的作用

1）人际关系的概念与发展历程

人际关系是指社会人群中因交往需要而构成的相互依存和相互联系的社会关系，又称社交、人际交往。人际关系包括朋友关系、同学关系、师生关系、雇佣关系、战友关系、同事及领导与被领导关系等。

人际关系这个词是在 20 世纪初由美国人事管理协会率先提出的。在 20 世纪 30 年代，Elton Mayo 在西方电气公司的霍桑工厂进行了著名的"霍桑实验"。20 世纪 40 年代，Abraham Maslow 提出了激励理论。20 世纪 50 年代，Frederick Hertzberg 又使激励理论得到进一步发展。20 世纪 60 年代，Douglas McGregor 提出 X 理论和 Y 理论。20 世纪 70 年代，William Ouchi 提出了 Z 理论。

2）搞好人际关系的意义

人有社会属性，每个个体均有其独特的思想、背景、态度、个性、行为模式及价值观，然而人际关系对每个人的情绪、生活、工作都有很大的影响，甚至对组织气氛、组织沟通、组织运作、组织效率及个人与组织之关系均有极大的影响。

对人际关系，通俗的理解就是：你跟我是什么关系，你跟他是什么关系，他跟他又是什么关系。不同的关系具有不同的文化内涵。例如，同学、朋友、同事之间的关系实际是缘分。夫妻之间关系的实质是"少年夫妻老来伴，围绕孩子度一生"。父母子女之间关系的实质是在考察"孝"，即考察他们之间传递的通道是不是被很好地维护，他们之间是否存在信息交流的困难。企业人际关系的实质是同事关系，即"我们都是来自五湖四海，为了一个共同的事业目标，走到一起来了"。这是一种缘分，是一种愿力的交集。

和谐的人际关系对社会发展起到了重要作用。

（1）有利于促进和谐社会的建设。和谐社会中的精神文明建设，需要提高全体人民的素质,而这都建立在良好的人际关系的基础上。同样,良好的人际关系有利于培养具有现代化素质的新人。

(2) 有利于发展社会生产力,增强群体的凝聚力。在生产力诸要素中,建立和维持良好的人际关系才能使社会和各种组织的生命力增加,最终提高劳动生产率,促进社会生产力的发展。

(3) 有利于形成一个良好的人际关系环境。现代社会要求人不仅要有健康的体魄和健康的心理,而且要求拥有健康的人际环境。良好的人际关系会对人们的生活和工作环境产生很大的好处。

(4) 有利于促进个体素质的提高和个体全面发展。人际关系对人的影响是潜移默化的,时间久了,会把建立和维持人际关系的原则转化为自己的价值体系,来调节、支配自己的行为,以获得正确的社会文化规范和社会角色,进而提高个体的素质。

3) 价值观是影响人际关系的重要因素

朋友是指人际关系已经发展到没有血缘关系但又十分友好的人。一般来说,朋友都是那些与自己天赋个性相近的人,正因为天赋个性所指向的价值观一致才凸显出朋友之间"谈得来、玩得好、志趣相投"。从朋友的例子中我们可以发现价值观对朋友关系的深刻影响。

"物以类聚,人以群分。"人是群体动物,共同发展是所有人共同的本愿。没有人喜欢跟别人完全不一样。所以,一个人在人际交往的过程中,总是倾向找那些价值观相同或相似的人进行交流以获得认同感。这种认同感的获得又进一步确立了自己在这个世界上并不是孤立的存在,而是人群中的一份子。

下面这段对话可以说明上述观点。

A 的性格外向开朗,平时总是爱笑,喜欢热闹。B 的性格比较内向,平时显得有些严肃,喜欢安静。有一天,A 特别开心,她遇到了 B,还没有开口说话就笑了。B 很纳闷,就问 A:"什么事这么好笑呢?"A 说:"也没什么事。"B 又问:"那你为什么笑?"A 说:"不知道,就是感到开心呗。"B 冷冷地说了一句:"莫名其妙!"A 一听就不乐意了:"哇,你这个人怎么这样,一点也不好玩!"

从上面的对话中,我们可以看出,A 是一个喜乐程度高的人,A 的价值观倾向"快乐趣昧",所以 A 在行为上会表现出开朗、容易激动、给人以冒昧的特征。而 B 的价值倾向跟 A 正好相反,B 的"笑点"不高,不容易笑,表现出不是很合群,显得感性不足而理性有余。

俗话说的"酒逢知己千杯少,话不投机半句多",也说明了价值观对人际关系的影响作用。如果双方是"知己",价值观相互就有认同感,他们在一起就会"千杯少";如果双方是"话不投机",则他们相互间的价值观就相悖,他们在一起就会"半句多"。

通过上面的案例分析,可以看出价值观对人际关系的影响作用有两个方面:一是相互间的价值观是相同的或相似的,这种情况的人际关系是天然的认同,是一种自然的和谐;二是相互间的价值观不同或差距较大,这种情况的人际关系不是天然的认同,而是后天的修养达到了包容理解甚至欣赏的程度后的认同,是一种觉悟后的和谐。

4)"缘分"与人际关系

关于缘分,目前大部分都解释为:中国文化的一个抽象概念,是一种人与人之间无形的连接,是某种必然存在的相遇的机会和可能。很明显,这样的解释不是很透彻,不好理解。

"缘"是事物之间相互愿力的交集,"分"就是这个交集的重叠部分的大小、时长和融合程度。所谓"有缘无分"的意思是有一点交集,但交集不够多,甚至是一种"擦肩而过"的"相切"。

众所周知,事物是普遍联系的,相互之间存在着千丝万缕的关系,这种的关系就是缘。有些缘比较近,信息交流多,交集就大;有些缘比较远,信息交流少,交集就小。

人们大多是"由我及人",即以我为中心来扩张自己的社会关系。社会关系好比"朋友圈"。"朋友圈"的大小是由你的"愿力"大小、强弱决定的。愿力越大,朋友圈就大,社会关系就广,缘分就多。

三、情绪管理与心理健康

情绪管理(Emotion Management)是指通过研究个体和群体对自身情绪和他人情绪的认识、协调、引导、互动和控制,充分挖掘和培植个体和群体的情绪智商,培养驾驭情绪的能力,从而确保个体和群体保持良好的情绪状态,并由此产生良好的管理效果。

肖汉仕[1]教授认为：情绪管理是指用心理科学的方法有意识地调适、缓解、激发情绪，以保持适当的情绪体验与行为反应，避免或缓解不当情绪与行为反应的实践活动。其包括认知调适、合理宣泄、积极防御、理智控制、及时求助等方式。

情绪跟天赋一样，是与生俱来的，是人的固有智慧。除喜乐之外，其他五种情绪都是我们说的"负面情绪"。但是，严格地说，情绪并无好坏之分，任何一种情绪对人体健康都有着重要的作用。情绪管理不是要消灭情绪，也没有必要消灭，而是要善于疏导、驾驭情绪。

研究表明，心理问题主要就是潜意识的问题。当潜意识与显意识不协调时，各种心理问题甚至生理问题就出现了。常见的心理问题产生的根源主要有两个方面。

第一，心愿得不到满足。一个人的心愿就是他的人生使命，表现为该做的事。如果该做的事没做，或者没做好，个体就不会被群体认同，于是在群体中就会产生自卑感，产生心理压力。长期的、较大的心理压力就会造成心理健康问题。例如，从小学习不好，学历不高，平时就会有心理压力，若处于高学历群体中将产生自卑心理。例如，男子到30岁而事业上依然找不到方向，就可能表现为抑郁症、焦虑症。

第二，情绪得不到抒发。情绪属于人类固有机制，是人体能量的表现形式。在人体受到过度刺激的情况下，情绪起到抑制、削弱、转移天分的作用。在未成年之前起到保护发育的作用，成年后其根本作用逐渐消失，常被人们当影响力应用。情绪模式由三岁前的记忆形成，以潜意识的方式起作用。当情绪等级较低或在压力下得不到抒发时，心理能量不能顺利通过必要的方式宣泄，累积形成心理疾病。而情绪等级高，应用过度又可能导致生理疾病。研究表明：心理压力的反应首先表现在六种情绪上，即不同的行为造成的压力反映在喜乐、气怒、忧愁、惊怕、恐惧、悲伤六种情绪上，并最终形成相关的心理问题和生理问题。

1. 因情绪失衡或失控导致的问题

最新研究表明：情绪失衡是指情绪与情绪之间、天赋与对应情绪之间的强弱等级差异较大。情绪失控是指强的情绪要素因某个事件而全面爆发。在理想情况下，人的情绪强弱是适中的，各种情绪之间也是均衡的，不存在强烈、失衡的情况。但这种情况只是一

---

① 肖汉仕，湖南师范大学公共管理学院心理学教授、应用心理学博士、思想政治教育博士点心理健康教育与心理咨询方向博士生导师，社会心理学、社会工作、思想政治教育、公共事业管理硕士生导师。

种理想状态。

情绪的失衡因素很多,可能来自于父母的遗传,也可能来自于环境对胎儿的影响(如意外的噪声),还有可能来自于婴儿期任何一个被记住的事件。所以,情绪的失衡是很难避免的,也没有必要避免,其好处是保证了人类个性发展的多样性。

因此,情绪失衡是一种常态。但是,无数经验表明:偏差太大的情绪,特别是过于强烈的情绪对身体的生理、心理健康有着巨大的影响,这也是我们进行情绪管理的主要原因。

(1)情绪失控导致的心理疾病倾向和生理疾病风险,如表 2-15 所示。

表 2-15 情绪失控导致的心理疾病倾向和生理疾病风险

情绪类别	心理疾病倾向	生理疾病风险
喜乐	妄想、幼稚	心脏、血管
气怒	狂躁、偏执	肝、胆、筋
忧愁	抑郁、焦虑	脾、胃、淋巴
惊怕	紧张、敏感	心包、筋膜
恐惧	恐惧、痴呆	肾、膀胱、胰脏
悲伤	悲观、堕落	呼吸系统、皮肤、肠道

(2)天赋与对应情绪之间的失衡所造成的心理问题,如表 2-16 所示。

表 2-16 天赋与对应情绪之间的失衡所造成的心理问题

天赋与情绪	表现及心理倾向
视觉<气怒	看到不公正现象时,看到的多,释放的少,看不开,有自闭倾向;反之,有直率倾向
意觉<忧愁	遇到利弊得失,自以为不公平时,担忧多,结论少,想不开,有抑郁倾向;反之,有放任倾向
触觉<惊怕	遇到突发意外时,紧张多,身体协调性不够,放不开,有离魂倾向;反之,有本能倾向
听觉<恐惧	遇到不安全事项,理解偏慢,不能把握,行为保守,少进取,有恐惧倾向;反之,有麻痹倾向
舌觉<喜乐	当心情愉快时,注意力不集中,容易走神开小差,有失神倾向;反之,有求助倾向
嗅觉<悲伤	遇到事情先哭,不会想办法,容易绝望放弃,有绝望倾向;反之,有结缘倾向

2. 学会做情绪的主人

在六种情绪中,除喜乐外,其他五种(忧愁、气怒、惊怕、恐惧、悲伤)情绪都是我们平时说的"负面情绪"。但不管是哪种情绪,一旦失控,要么会伤害别人,要么会伤害自己,这些也成为大家的共识。因此,在情绪管理上,我们听到最多的是"要设法控制情绪"。为什么要控制情绪? 因为"情绪是魔鬼"。

其实,情绪跟天赋一样是人的固有智慧。情绪除具有回收、抑制、转移天赋工作的能量外,同时也是一种很有用的能力,也就是我们平时说的影响力。例如,喜有乐观、怒有好胜、忧有执着、惊有担当、恐有缓和、悲有同情的精神影响力。

"大禹治水,疏而不堵。"情绪发动时,就像洪水一样,或汹涌或泛滥,治理情绪,宜疏不宜堵,即不需要刻意控制、克制。试图控制情绪是一种不谦虚的表现,完全忽略或漠视了情绪的智慧。即使克制了,也是一时之间的压制。到头来,要么在沉默中爆发(伤害别人),要么在沉默中死亡(伤害自己)。

我们既不要试图控制情绪,也不能被情绪所控制,我们要学会做情绪的主人。当情绪即将爆发时,我们只需要冷冷地看着它就好了,当你一旦进入了这种状态,情绪立马会缩回去。例如,你看到不公正的事情后马上就要发脾气了,在即将失控的那一刹那,如果你突然想到"我是主人",然后冷冷地看着自己的情绪,你还会生气吗? 如果有,也是假装生气。

做情绪的主人有三层境界:自嘲、"赖皮"和幽默。其中,自嘲指一个人不能太在乎自己;"赖皮"指要学会婉转拒绝别人;幽默的境界最高,指要善于通过艺术的方式表达自己的感受。

案例 2-4

六种情绪模式的自我测评问卷

所有问题对测评结果没有优劣之分,请按您的真实想法勾选。

一共有 6 道单选题,每道题有 4 个大项,每个大项分 3 个小项,均对应不同的素质状况。(选择 A① 或 D④ 要特别小心,因为那是一种极限)

勾选时,请仔细鉴别差异。每道大题只能选一个最符合自己的。

(1) 在街上看到一个超级美女或帅哥,你会:

A. 一直盯着看。

① 边看边流口水。

② 目不转睛。

③ 撞到电线杆。

B. 时不时回头。

① 感觉对方在注意我。

② 忍不住回头多看几眼。

③ 有人在身边,不好意思看。

C. 看一眼就走。

① 大饱眼福。

② 确实很漂亮。

③ 亏了没看清楚些。

D. 视而不见。

① 好像还不错。

② 没什么好看的。

③ 真恶心。

(2) 当你走到商场门口,看到朋友正脸红脖子粗地跟别人吵架,你会:

A. 朋友的敌人,就是我的敌人。

① 先打趴下再说话。

② 义不容辞,挡我者死。

③ 决不允许朋友吃亏的事发生。

B. 该站出来时站出来。

① 想占我朋友便宜,不行。

② 老虎不发威,你当我是病猫。

③ 决不能眼看着朋友被欺负。

C. 朋友的事就是我的事。

① 维护朋友的最大利益。

② 就事论事。

③ 有礼有节。

D. 吵架不能解决问题。

① 息事宁人。

② 吃亏是福。

③ 能躲就躲。

(3) 遇到相当大的困难,又一时无法解决,你会:

A. 胡思乱想,持续很久不眠不休。

① 身边所有的人都快疯了。

② 想了很多,多得有些模糊。

③ 朋友嫌我烦。

B. 似乎只有一种解决办法,但总担心会因此雪上加霜。

① 常有人帮着出主意。

② 因担忧而茶饭不思。

③ 感觉不被人理解。

C. 设想了很多办法,但不敢确定。

① 偶有独到见解。

② 得失都能接受。

③ 总会有办法的。

D. 船到桥头自然直,其他能做的先做。

① 结果都能接受。

② 做成咋样就咋样。

③ 别人都说我缺心眼。

(4) 突然被要求做一件不想做或你认为不该做的事,你会:

A. 坚决拒绝。

① 我不做的事，谁都不敢做。

② 压力山大。

③ 个子高的顶上。

B. 先推辞再说。

① 没人做只能顶上。

② 要做就得做好。

③ 大家都说该我做，只好做。

C. 犹豫一下再选择是否接受。

① 要让别人都知道事情的难度。

② 能做就做。

③ 丑话说在前面。

D. 让我做那就做。

① 总要有人做。

② 做成啥样算啥样。

③ 叫我去做，不可能。

（5）大巴在崎岖的山路上越爬越高，窗外是万丈深渊，而你是乘客，你会：

A. 一路傻愣愣的，都不知道怎么开上去的。

① 路上我大声尖叫，司机都把车都停下来了。

② 总感觉车会随时会掉下去。

③ 就我一个人感到不安全，其他乘客都还镇定。

B. 有几次颠簸，差点没把我吓死。

① 一车人都跟着尖叫。

② 眼睛一闭，啥都想不清了。

③ 车上的人被我叫得都烦了。

C. 偶尔看下窗外，感觉很可怕。

① 提醒师傅慢点开。

② 紧紧抓住扶手。

③ 想着如果掉下去如何逃生。

D. 大家都觉得挺可怕的,确实有点可怕。

① 我也跟着喊了几声。

② 一切正常,走山路就这样。

③ 那些尖叫的人是神经病。

(6) 参加经常相处的朋友的葬礼或追悼会,你的表现是:

A. 听到消息,就先哭了好几回。

① 看到我哭的所有人都跟着大哭。

② 悲伤的气氛持续很久。

③ 哭过了仍然感觉很难过。

B. 受气氛影响,悲从中来,大哭。

① 有人过来安慰我。

② 大家都很悲伤。

③ 哭完后,挺沉闷的感觉。

C. 想起往事,心中很不是滋味。

① 身边的人也跟着难过。

② 人生苦短。

③ 顾影自怜的感觉。

D. 理解家属的心情,逝者已矣。

① 大家都很同情。

② 只能以平常心对待。

③ 其他人认为我的冷静有些过分。

参考标准如表 2-17 所示。

六道大题分别对应喜乐、气怒、忧愁、惊怕、恐惧、悲份(六情)的能力强弱。例如,你选择第(4)题的 B③,那么你的惊怕(责任意识)属于"强的、被动的、压力型的"性格特征。

表 2-17　天赋强弱对照表

强		弱	
主动	被动	主动	被动
常开型	压力型	选择型	跟随型
A	B	C	D
随时可能表现，能达到很强烈	有压力时，表现强烈	依环境条件，有选择地表现	不是强项，较少表现，随大流

思 考 题

1. 如果有人问你"我是谁?"，你该如何回答?
2. 描述自己的三岁前记忆。
3. 为什么说记忆是思维活动的本底?
4. 为什么说"天生我材必有用?"
5. 如果你的天赋是意觉，那么你的事业方向是什么?
6. 如果你的天赋是嗅觉，那么你适合哪种学习方法?
7. 情绪失衡可能会造成哪些心理问题?
8. 为什么不要控制情绪，而要做情绪的主人?

第三章　职业发展

【本章学习要点】

1. 分析自己职业理想的形成。

2. 分析你感兴趣职业的发展趋势。

3. 论述恋爱、婚姻、生育对职业发展的影响。

4. 应用 SWOT 和决策平衡单分析自己的选择。

5. 简述你的职业生涯里程碑。

6. 制作一份自己的《职业生涯规划》。

第一节　职业发展方向

一、职业理想

1. 梦想、理想与愿望

最新研究表明：一切能力都产生于愿望。愿望分始愿、本愿、欲愿和思愿四个层次，如图 3-1 所示。其中，始愿是宇宙缘起的愿望，表现为量子之间的信息沟通。本愿作为细胞生命从原子人格中获得的愿望，用心力（θ波）进行信息传导。欲愿是人在幼儿期传承本愿而形成的愿望，用地球的固有频率（α波）传导信息。思愿是人类的语言工作平台，通过积累知识和经验形成的愿望，用脑电波（β波）进行工作，用语言传递信息，它既传承于欲愿又能觉悟本愿。

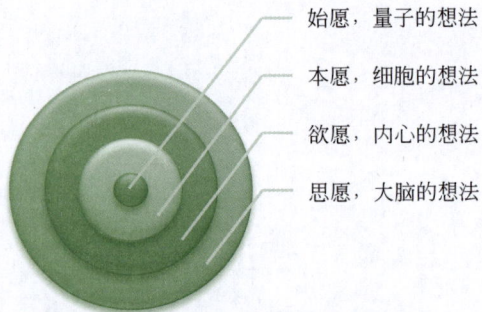

始愿，量子的想法

本愿，细胞的想法

欲愿，内心的想法

思愿，大脑的想法

图 3-1　愿望的四个层次

梦想和理想都是一种思想,反映了人的愿望。梦想与理想两者之间是有区别的。梦想是潜意识的工作,理想是显意识的工作。梦想的本意是做梦都想。梦想如孩子般天真,对于现实它总是不管不顾。当我们说梦想时,会体会到一种纯真,一种美好。梦想经常对应人们的欲望。理想是一种理性的思考,它是大脑的思想(思愿)对本愿的一种反思与觉悟,它更多地考虑了与现实的结合。所以人们在说理想时会感到一种沉重或一种压力。

愿望也是"心中期望实现的想法"。与梦想、理想一样,愿望也分层级。例如,"我想赚钱"是一个大脑(显意识)的想法,而"我想花钱"显然这比赚钱这个想法更深一层。但花钱还不是目的,如果花钱是为了享受,那么"我想享受"则成了内心(潜意识)期望实现的想法。其实,还有一个比内心更深层次的想法,就是我们平时说的"骨子"里的想法,这种想法对应深层潜意识。对于赚钱而言,深层潜意识认为:"赚钱是骗局,骗你做事业。"

我们用一个案例来理解愿望。

案例 3-1

开工厂的夫妻

这是在网络上流行的一个小故事。故事大意是说一对从农村来的夫妻,一起来到城市打工,靠着省吃俭用积累了一点资金开了一个小作坊。在没日没夜的辛勤劳动下,小作坊终于发展成为一个小工厂。他们也赚到了一点钱,就在海边买了一幢别墅。但装修完成后,他们并没有在那里居住,因为夫妻俩合计认为:不能这样满足于这种享受,我们必须继续打拼,企业不能没有我们……于是他们俩又一头扎进工厂,继续像以前一样没日没夜地工作着。可是,装修好的别墅没人看着也不放心啊,于是他们请了一个保姆住在里面。这个保姆面对崭新的别墅,也没啥事情可做,只好每天泡着咖啡,抱着主人家的宠物狗坐在宽大的阳台上看海……

在上面的案例中,这对夫妻来到城市打工,最初的想法是赚点钱来改变自己的生活方式与生活品质,通过努力,他们获得了一定的成功,买了大别墅,实现了最初的愿望。按理说,他们的目标达到了,应该享受高品质的生活,可是他们没有,"他们俩又一头扎进工厂"。这又是为什么呢?他们给自己的理由是"企业不能没有我们"。于是他们放弃了享受,毅然重新过着"加班加点、没日没夜"的生活了。从这里我们可以看出:这对夫妻的人格已经从自我提升到了群体,他们的愿望也从"欲愿"上升到了"本愿"。不管他们自己有没有彻底觉悟到这一点,事实就是这样。

2. 如何厘清自己的理想

跟所有生命形式一样,人也是由量子→原子→分子→细胞→组织→器官构成的。但人又跟其他动物不同,在进化过程中,人的大脑获得了发展。发达的大脑也是人跟其他动物的重要区别。大脑起什么作用?就是思维。大脑的思维具有超越时空的量子属性,它不但可以向外思维,例如制造计算机或摩天大楼,还可以向内思维,即觉悟欲愿和本愿乃至始愿。当然,进化而来的大脑存在就有道理,使用思维的功能是大脑的使命。想清楚这一点很重要,它告诉我们的大脑要通过觉悟从欲愿、本愿中获取智慧,并应用于创造一个新世界,同时把创造过程中总结出来的经验反馈给本愿和始愿,然后由本愿、始愿归纳成为智慧,最后以基因的方式固化下来并加以传承。

建立这样一个概念以后,我们才能从内外两个角度出发,厘清自己的理想。

第一个角度,反映现实社会的情况。

这一点大多数学生都能做到,毕竟我们都活在现实世界。每当我们从睡眠中清醒过来,睁开双眼就开始捕获这个世界的信息。在职业问题上,我们看到、听到最多是人们对某个职业的评价。假如我们对某个职业并不反感,接触多了,久而久之,我们就会觉得这个职业可以是自己的理想。例如,某个小孩生病了去医院看病,医生开了药,吃了后病就好了,妈妈会告诉他这是医生治好了他的病。小孩此时就会认为医生很厉害。在本愿的驱动下,小孩都想成为一个"厉害"的人,于是他就很有可能说:"我长大了要当医生。"你问他为什么这么想,他就会说:"医生很厉害啊。"其实呢,要成为很厉害的人不一定要当医生,还可以当警察、当科学家。如果是这种情况,很明显,孩子的职业理想有可能是成为一名医生,也有可能不是。但是我们要知道,"医生很厉害"实实在在地反映了社会的需求。因此,当我们把成为某个职业作为自己的理想时,必须结合社会的需求。换句话说,你的职业理想必须在社会需求的范畴之内,脱离社会的需求就不能算理想了,是梦想。

第二个角度是要觉悟自己的根本愿望。

如果说反映现实社会的情况是确立职业理想的外因,那么,觉悟自己的根本愿望就是内因了。

　　觉悟是觉知并领悟的意思。人都有视、听、嗅、舌、触、意六种觉知,这些觉知不仅可以向外捕获信息,还可以向内捕获信息。例如,闭上眼睛依然可以看到记忆中的画面,安静时可以听到自己心跳的声音或是肠鸣,深呼吸时会体会到自己的触觉,至于跟自己说话更是平常。在六种觉知的对内应用过程中,嗅觉和意觉不大容易被察觉。其实嗅觉的工作也是一种思维活动,它与意觉的逻辑思维相对,是一种形象思维。这两种思维活动需要我们进入更加安静的状态才能体会。其中,意觉提供道理(概念＋逻辑),嗅觉的想象力提供画面验证,两者结合起来构成信任的模式"概念＋逻辑＋验证"。例如,某人看了一部关于法律的电影,觉得律师职业挺不错的(外因)。于是他开始想自己适不适合当律师。首先他可能想到的是自己的形象气质比较适合(意觉),站在法庭上应该很神气(嗅觉),然后他想到自己口才不错(意觉),在辩论时抑扬顿挫、侃侃而谈(舌觉),他还会想到自己逻辑思维非常缜密(意觉),在陈述证据时有理有据,没有一丝漏洞,让对手只有叹气的份(嗅觉)。

　　从上面的例子可以看出,人对内的觉悟过程其实是自己的天赋模拟运用过程。所以说认识自己的天赋非常重要,就是因为天赋携带了自己的根本愿望。换句话说,了解了自己的天赋就知道了自己的根本愿望。根本愿望也是"天生我材必有用"的动因。

　　3. 树立崇高的职业理想是一种大觉悟

　　人类历史的车轮行进至今,全球化的图景已经初现端倪。在近代史中饱经沧桑和磨难的中华民族在 21 世纪再次迎来了难得的发展机会。我们作为当代的大学生,华夏文明的传承者,应当立志"为中华崛起而读书",在各行各业中崭露头角,为国家实现"文昌、武盛、国富、民强"贡献自己的力量。

　　这是一种崇高的理想。中国共产党具有这样的思想觉悟,他们带领中国人民推翻了"三座大山",把一穷二白的旧中国建设成为今天这个样子,确实值得我们崇敬和追随。这种理想与有些学生的"读大学就是为了找一个好工作"相比,前者像日月星辰,后者像米粒之珠,完全不可同日而语。

　　什么是崇高的理想?判断一个人的理想是否崇高,主要看他对群体的贡献大小。贡献越大,理想越高;贡献越小,理想越低。

　　那么,为什么很多人没有树立崇高的理想呢?我们把社会上的观点进行了归纳,大致有两个原因:一是认为外部环境不支持,或认为和平年代不用太拼,或认为整个社会环境缺少创新激励的机制;二是认为自身能力不够,或认为自己某方面能力太差,或者干脆认为自己什么能力都不具备。

上述观点其实是一种误会。

首先,在中国,只要你做的事情没有违犯法律,外部环境对于树立崇高的职业理想都是支持的。估计也没有哪个国家会故意压制你成为科学家、艺术家,去拿诺贝尔奖奖金。实在条件不足,你就是成为民间科学家、民间艺术家也行,丝毫不妨碍你实现自己的理想。有些人或许会说:树立那么高的职业理想干嘛,那么拼,太累了,而且还不一定能够赚到钱。如果是为了赚钱,那就不是理想了。何况职业理想一旦实现,还怕不被世人肯定吗?

其次,前面说了,"天生我材必有用",因怀疑自己,甚至否定自己的能力而不敢树立崇高的职业理想完全没有必要。每个人都有自己的天赋,只要你能发现天赋,开发自己的天赋,就不怕没有能力。之所以怀疑,就是因为你认识自我不够深刻。从这个角度来看,认识自我、了解自己的天赋显得特别重要。现阶段,因为现行教育在这个课程上的缺位,老师在认识自我方面能够给予学生的还很不足,因此,大部分学生都是按照惯例被动地一边摸索一边觉悟,一般都要到中年才有所觉悟,对应了"五十而知天命"的说法。

案例 3-2

陶铸[①]:《崇高的理想》(节选)

每个人都有他自己的理想。但是,理想到底指的是什么呢? 这个问题是比较复杂的。因为一个时代与一个时代不同,一个时代内,一个人与一个人又不同。

在少数人中间,他们的理想并没有和我们(实现共产主义)这一伟大的奋斗目标结合起来;他们也想做一些事情,但是他们做事的目的是为了他们自己。比如为了自己能够有一个"明窗净几"的环境,能够"红袖添香夜读书";或者是为了有一个爱人、一座别墅、一部汽车。他们把这种个人打算作为自己的"理想"。一点理想也没有的人有没有呢? 一般地

---

① 陶铸(1908年1月16日—1969年11月30日),坚定的马克思主义者,杰出的无产阶级革命家,党和军队卓越的政治工作者,党和国家的卓越领导人。

说，是没有的。有一些人憧憬他们的过去，但是过去的东西是永远不会再来了，因此他们感到将来的渺茫，从不把希望寄托在将来。这种人好像是没有理想了，其实，那消逝了的过去就正是他们的"理想"。也还有一些人认为现在已经生活得差不多，甚至感到已经满足，心安理得，不想再前进一步；生怕一前进，会破坏他们现有的生活。

在我国历史上，许多民族英雄、人民英雄、大发明家、科学家，他们都是一些有伟大理想的人。当强敌压境、国家民族危在旦夕的时候，民族英雄的理想就是要把敌人赶走，使自己的民族生存和发展下去。当统治者昏庸腐朽、横征暴敛，使得人民无法生活下去的时候，人民英雄就揭竿而起，把反抗强权、救民于水火之中作为自己的理想。当时人民的劳动强度很大，生活很苦，劳动生产率很低，发明家、科学家们的理想，就是要以他们的创造、发明，去改善人民的劳动条件，提高劳动生产率和改善人民的生活。归根结底，这些人对促进社会的进步，对社会生产力的发展，是有所贡献的，虽然他们的贡献还不免要受着历史条件的限制。

正因为伟大的理想是合乎社会的进步、合乎人民利益的要求、合乎社会发展的规律，所以对于一些具有伟大理想并为伟大理想而斗争的人，千百年来人们一直在尊重他们，怀念他们，纪念他们。如众所周知的，夏禹在治水十三年中，三过家门而不入；李冰父子为了解决当时成都平原的水利问题，两代相传把它作为终生的事业，不知克服了多少困难，终于修成了泽被后世的都江堰；扁鹊深入民间，"周游列国""随俗为变"，解除人民疾病的痛苦；还有我们所熟知的贫苦出身的黄道婆，她从海南黎族地区回到故乡（上海市郊），把当时海南岛先进的纺织工具和她熟练掌握的纺织技术毫无保留地传给家乡的人们，这些人千百年来一直受到人们的尊重、怀念。汉代的霍去病，为了国家的生存和强盛，在戎马中过了一生。当他击退了匈奴的入侵，汉武帝想给他盖房子酬报他的功绩时，他回答说："匈奴未灭，何以为家。"宋代的岳飞，为了挽救国家的危亡，离妻别母，转战疆场，最后和自己的儿子一起屈死在风波亭上。文天祥，抗击当时的元兵进攻，坚贞不屈；被敌人抓住后，仍旧临危不苟，和敌人做了坚决的斗争，誓死不投降。清代的林则徐，坚决反对帝国主义的侵略，和腐朽的当权派作斗争，及至充军伊犁，他一点也不灰心，一直没有忘记帝国主义对我国的侵略，而且在那里和群众一道修水利、栽葡萄，为当地人民造福。孙中山，为了推翻清朝，为了建立一个强盛的中国，他奋斗了四十年……所有这些人，都是有伟大理想并坚决为他们的伟大理想而斗争的人。他们的理想不是为了哪个人,而是为了国家,为了民族,符合广大的人民利益。他们为了自己的伟大理想,有些人家可以不要,有些人官可以不做,有些人生命可以抛弃,有些人真正是做到了"富贵不能淫,贫贱不能移,威武不能屈"的地步。这样的一些人,是永远不会从人民的心中消逝的。

我们的时代,我们的社会,是树立崇高理想和实现崇高理想最好的时代和社会。生活在我们这样伟大的社会主义国家的青年人,没有崇高的理想,是可悲的。一个没有崇高理想的人,好像迷失了路途一样,不但不知道明天走到哪里,做什么,就是连今天做什么,为什么要这样做都弄不清楚。我们大家为什么要进学校呢?为什么要读书呢?进学校、读书的目的何在呢?当我们翻开书本第一页的时候,就要回答这个问题。

二、职业发展要点

1. 预见发展轨迹

根据中国职业规划师协会的定义,职业发展就是在自己选定的领域里,在自己能力所及的范围内,成为最好的专家。所谓专家并不一定是研究开发人员或技术顾问。专家是在某一领域有深入和广泛的经验,对该领域有深刻而独到的认知的人。

俗话说得好:三百六十行,行行出状元。随着社会的发展,各行各业的分工越来越细。理论上说,只要你立志把某个职业做到极致,你就一定会成为这个职业领域的专家。最重要的是你能不能真心立志,立志是职业发展的前提,志的大小决定了职业发展空间的大小。

成为专家是职业发展的目标,但不是职业发展的全部。职业发展是一个过程,要成为某个领域的专家并不是一蹴而就的,必须经过长时间的积累和沉淀。在这个过程中,是有规律可循的,只要我们细心一点,就能找到这个过程中的里程碑,把这些里程碑用线条连起来就构成了职业发展的轨迹。这里说的里程碑是指职业发展的阶段性标志,通常指职务的晋升或职称的晋级。里程碑的界定最好是符合实际,既不能太主观,跟外界脱钩;也不能太客观,为了晋级而考级。

例如,某企业高级管理人员的职业发展轨迹如图3-2所示。

在这里,我们重点是要研究如何更好地预见这些轨迹,这样才能做到心中有数,对把

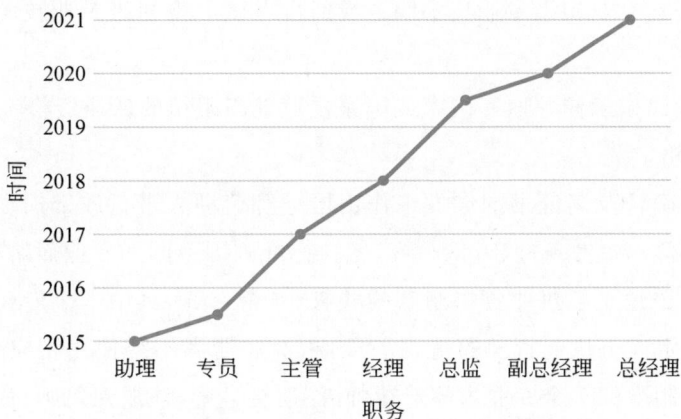

图 3-2 某企业高级管理人员的职业发展轨迹

握自己的职业发展非常有益。

从上面的图形可以看出,时间与职务(职称)共同构成了发展轨迹的要素。所以,要预见自己的职业发展轨迹,就必须了解这个职业的准入门槛与相应标准,同时还要了解自己的学习能力,学习能力的大小与达成里程碑(阶段)目标所需的时间成反比。

1) 了解所从事职业的门槛

大多有一定成熟度的职业都有自己的职业资格或职称标准,这些规范和标准一般都由人力资源和社会保障部或行业协会制定,构成了这个职业的准入门槛。

职业资格与学历文凭不同,学历文凭主要反映学生学习的经历,是文化理论知识水平的证明。职业资格与职业劳动的具体要求密切结合,更直接、更准确地反映了特定职业的实际工作标准和操作规范,以及劳动者从事该职业所达到的实际工作能力水平。

职业资格目前有从业资格、执业资格、专业技术资格三种类型。

(1) 从业资格。

从业资格的确认及其证书的颁发工作由各省、自治区、直辖市人事(职改)部门会同当地业务主管部门组织实施,通过学历认证考试取得。一般来说,具备下列条件之一者,都可以确认其从业资格。

① 具备本专业中等专业学校毕业以上的学历、见习一年期满,经单位考核合格者。

② 已经担任本专业初级专业技术职务或通过考试取得初级专业技术职称资格,经单位考核合格者。

③ 在本专业岗位工作并取得国家或国家授权部门组织的从业资格考试合格者。

(2)执业资格。

执业资格的确认及其证书的颁发工作由国务院劳动人事行政部门综合管理,必须经考试合格才能取得。报考条件、考试内容、考核标准则因不同的专业而略有差异。

我国已经完全建立了执业资格制度的共有 16 个专业,其中 7 个专业实行注册制度。注册是对专业技术人员执业管理的重要手段,未经注册者不得使用相应名称和从事有关业务。实行注册制度的 7 个专业为注册律师、注册会计师、注册建筑师、注册拍卖师、注册监理工程师、注册资产评估师、注册房地产估价师。其他 9 个实行执业资格证书的专业是教师、医师、药师、护师、统计师、会计师、法律顾问、造价工程师、国际商务师。

(3)专业技术资格。

人力资源与社会保障部负责专业技术人员的资格评价和证书的核发与管理。

专业技术人员职业资格是对从事某一职业所必备的学识、技术和能力的基本要求。专业技术人员职称称为专业技术资格。职称分为初级职称(员级、助理级)、中级职称、高级职称(副高级、正高级)。

2) 了解自己的学习能力

学习能力指掌握知识与技能所需要的能力。这里讲知识与技能,是把知识与技能做了一个区分。其中知识对应"知",技能对应"会"。职业的发展是综合性的,不但要"知",而且要"会"。有关职业所需的知识与技能都可以通过学习来掌握。

学习是在固有智的愿望驱使下,运用进化产生的六觉能力,对事物的信息进行概念捕获,进而为概念建立逻辑并加以验证的过程。在这个新概念下,学习能力是指六觉天赋及其综合能力。

无论是基于六觉表现的优势天赋,还是基于六觉互用的统合能力,我们首先要做到的是了解自己具有什么样的天赋及其结构,这样才能进一步评估自己的学习能力,包括统合能力与个性化的学习方法。只有完成这个动作,再结合职业发展的现实状况,才可以对自己职业发展的轨迹做出预见。

2. 把握发展机会

1) 宏观机会

2021年,CIER指数较高的行业主要包括互联网/电子商务、基金/证券、保险、教育/培训等行业,这些多属于互联网、金融及教育等新兴服务业。大数据技术的不断推广和"互联网＋传统行业"的跨界融合,加大了对高新科技人才的需求量。

2021年,就业形势较差的行业主要包括会计、航空/航天、能源/矿产、跨领域经营和电气/电力等,这些行业主要为传统服务业和加工制造业,经过就业市场的长期发展,人才存量及供给量较多,但由于行业经济增速的放缓以及面临改革转型,对于人才的招聘需求有限。因此,形成就业岗位供不应求的紧张局面,造成较大的求职竞争压力,就业形势相对严峻。

未来最具潜力的行业都有哪些呢?一项来自人民网财经频道的调查如下:

(1) 健康行业。

(2) 婴幼儿用品行业。

(3) 影视文化及娱乐行业。

(4) 动漫行业。

(5) 网络安全行业。

(6) 跨境电商。

(7) 机器人行业。

(8) 农业。

(9) 同声传译。

有人说,选择城市与选择行业同等重要,此言不虚。重点城市的热门行业和职位如下。

(1) 成都——高技术、汽车、金融。

(2) 杭州——电子商务、互联网金融、零售/餐饮娱乐。

(3) 天津——高技术、物流、能源化工。

(4) 武汉——高技术、零售/快消、地产。

(5) 沈阳——汽车、奢侈品。

（6）大连——高技术、金融。

2）微观机会

宏观机会是指所从事的职业在行业与地区的发展机会,微观机会是指所从事的职业在企业与职位的发展机会。

宏观机会讲的是大概率,不能涵盖所有的微观机会。微观机会无处不在,无时不在,就看你能不能发现,能不能了解。微观机会一般表现在企业选择、岗位选择、职位发展三个阶段。

（1）企业选择阶段。

企业对外发布的招聘信息对求职者而言是一个海量的信息。学会筛选这些信息可以帮助你把握其中有效的机会。我们不能要求所有企业披露的信息是全面的、真实的,但是我们可以从已经发布的信息中看破一二。对于没有什么经验的大学生而言,为了避免上当受骗,建议尽量选择那些披露公司信息较多,同时又把岗位描述、工作职责、任职要求、薪酬待遇和晋升渠道都写清楚的企业。

不管怎样,我们都必须重视每一次面试。客观地说,我们毕业生面试要多经历几次"不成功"。因为虽然没有成功地通过面试找到工作,但是我们却实实在在地获得了面试机会,这个机会的价值不比成功入职小。我们通过面试获得了锻炼,为下一步找到满意的企业打下坚实的基础。

（2）岗位选择阶段。

在企业,岗位的设置是根据企业发展的战略目标设定的,大部分没有也没有必要完全按照职业规范来设置。由于每个企业的发展战略不同,因此每个岗位的工作职责及任职要求也不同。如果你只研究了这类岗位的职业规范而没有研究企业的岗位规范,那么就会在复试或入职以后发现有些不同,甚至落差较大。还有一种情况,企业因为自身的需求或发现你具有其他能力优势,与你商量改变岗位,相当于大学的"专业调剂",服从企业的安排就可以入职,如果不愿意服从安排就要另谋高就。遇到这种情况你应该怎么想？这些都是机会。

所以,毕业生在找工作时,不必强求专业对口或跟职业理想对路。"塞翁失马,焉知非福",遇到岗位变化,我们可以看作都是人生机遇,都是宝贵的体验机会。且不说这些际遇对未来的职业发展有诸多好处,退一步来说,岗位依然还有调换的可能。

（3）职位发展阶段。

企业的职位设定也是根据实际需要安排的。企业的产品不同、性质不同、规模不同,其职位的名称和等级标注也不尽相同。但相同的是职位都有高低之分。一般来说,企业的职位都是由高到低按董事长→总经理→副总经理→总监→经理→主管→专员→助理排列。

职位的发展一般都有一个从低到高的过程,这是一个很自然的规律,因为胜任这个职位需要相应的知识经验、能力个性和愿望心态,而这些胜任素质都不是一蹴而就的,都需要一个过程。作为职场新人,我们要坦然接受这个过程,切忌好高骛远,想一步到位。

下面的案例可以帮助大家理解职场中的机会。

案例 3-3

博士的职场机会

有个计算机专业的博士,毕业后想找一家大企业当"金领",但他面试了很多大公司,全都因为他要求的待遇太高而败下阵来。

后来,他终于想通了,因而改变了做法,把他的博士、硕士和本科文凭统统收起来,然后到一家大公司应聘,当上了一个没有学历要求的打字员。

精通计算机的他,很快发现了录入软件的缺陷,于是在源代码上做了一些改进,大大提高了工作效率。办公室主任发现这个打字员实在不简单,于是,就向老板做了汇报。当老板把他叫到办公室里谈话时,他拿出了自己的本科毕业证。老板说:原来你是计算机专业的本科生,怪不得本事不小。不过,在这个公司,大部分都是本科以上学历。所以,老板只是把他调到程序开发部门做了个普通的见习生。

博士又很快展示了编写程序的能力,深得老板的赏识。这时,他又拿出了自己的硕士文凭。老板说:原来你是硕士啊,简直太屈才了。于是,他成为程序开发部门的骨干人员。

在程序开发工作中,他向老板提出不少合理化的建议。这些建议被采纳后,直接导致公司的业绩大幅度上升。他的水平之高,令包括老板在内的所有人都感到不可思议。他见时机已成熟,这才拿出了自己的博士文凭。

老板很欣赏他的才华和为人,于是任命他为该部门的负责人,不久又提升为公司主管技术的副总经理。

3. 提升职业素养

素质和素养是两个概念。素质是先天生成的,素养则是后天养成的。素养即修习涵养,一般指由训练和实践而获得的技巧或能力。

职业素养是在职业方面的素养,指从事某一职业所需要的内在规范与要求,重点包括职业道德、职业技能、职业习惯、职场礼仪几个方面。

1)职业道德

《中共中央关于加强社会主义精神文明建设若干问题的决议》规定了我们今天各行各业都应共同遵守的职业道德的五项基本规范,即"爱岗敬业、诚实守信、办事公道、服务群众、奉献社会"。

(1)爱岗敬业是社会主义职业道德最基本、最起码、最普通的要求,是职业道德的核心和基础,是社会主义主人翁精神的表现。爱岗,就是热爱自己的工作岗位,热爱自己的本职工作;敬业,就是以极端负责的态度对待自己的工作,愿意把额外的时间花在工作上。

(2)诚实守信是做人的基本准则,也是社会道德和职业道德的一个基本规范。诚实就是表里如一,说老实话,办老实事,做老实人。守信就是信守诺言,讲信誉,重信用,忠实履行自己承担的义务。

(3)办事公道是指对于人和事的一种态度,也是千百年来人们所称道的职业道德。它要求我们在职业活动中要做到公正、公平,不谋私利,不徇私情,不损公肥私,不假公济私。

(4)服务群众就是一切从群众的利益出发,为群众着想,为群众办事,为群众提供高品质的服务。

(5)奉献社会就是积极自觉地为社会做贡献。奉献社会并不意味着不要个人的正当利益,不要个人的幸福。恰恰相反,一个自觉奉献社会的人,才真正找到了个人幸福的支撑点。

2）职业技能

职业技能是指从事某项职业所必须掌握的专业知识、操作技能、管理技能和人际沟通技能等。

专业知识和操作技能就是前面说的专业技术资格。这个方面的职业技能由人力资源和社会保障部职业技能鉴定中心负责依据国家职业（技能）标准、职业技能鉴定规范（即考试大纲）和相应教材确定，并通过编制试卷进行鉴定考核。

目前，技能型人才在我国依然供不应求。所以，在大专院校都有组织职业技能培训与考证，社会上相关的培训机构也非常多。因此，职业培训热还不会降温，它是我国经济社会发展的必然。

在管理技能方面，目前值得一提的是通用管理能力。

通用管理能力认证是目前国内唯一由政府认证并实施的通用型管理能力等级认证，由六个认证构成。其中"基础级"对应两个证书：个人与团队管理证书和资源与运营管理证书。"综合级"对应四个证书：自我发展管理证书、团队建设管理证书、资源使用管理证书和运营绩效管理证书。通用管理能力课程内容如表 3-1 所示。

表 3-1　通用管理能力课程内容

自我发展	团队建设	资源使用	运营绩效
规划能力	领导能力	财务能力	项目管理
时间管理	组织能力	工作环境	客户质量
沟通能力	合作能力	选人留人	变革创新
谈判能力	激励能力	资源配置	解决问题

3）职业习惯

最新心理学研究表明：习惯产生于偷懒。习惯有好的一方面，也有不好的一方面。习惯最大的好处在于可提高效率，意思是不假思索就能完成某个动作。习惯最大的坏处就是在很大程度上限制了想象能力与判断能力的提升。

职业习惯指职业过程中形成的行为习惯。平时注意养成良好的职业习惯对职业发展具有重要作用。例如,下列有 10 个受企业欢迎的工作习惯[①]。

(1) 爱岗敬业——坚持将工作当成事业来做。

(2) 勇于承担——遇到问题从不推卸责任。

(3) 积极主动——不用领导催,自发自动去做事。

(4) 高效执行——迅速落实到底,执行彻底到位。

(5) 注重细节——遇事大处着眼,做事小处着手。

(6) 追求卓越——凡事没有最好,只有更好。

(7) 沟通合作——理解同事,擅用团队的力量。

(8) 敢于创新——做事不仅会用手,更要会用脑。

(9) 持续学习——没有永远的世界冠军。

(10) 劳逸结合——善于管理时间,注重劳逸结合。

4) 职场礼仪

"礼"的本体是"理",是宇宙之道在人类社会的表现形式。礼是一种文化,表达了群体人格的需要,本质是维护群体整体性的进化。

礼仪是在人际交往中,以一定的约定俗成的程序方式来表示尊敬的态度和动作,涉及穿着、交往、沟通等方面的内容,反映了人们在交往过程中相互沟通的形式与技巧。礼仪可以大致分为政务礼仪、商务(职场)礼仪、服务礼仪、社交礼仪、涉外礼仪、外交礼仪。

职场礼仪是指人们在职业场所中应当遵照的一系列惯例与规则。了解这些礼仪标准,有利于提升个人的职业形象。职场礼仪主要包括接听电话、握手、递交名片、问候、仪容仪表几个方面,这方面知识网络上很多,在这里就不再一一列举了。

三、职场拼搏

1. 想好了就去做

1) 职业决策

著名学者 Dinklage 根据人做决策的不同行为特征,把职业决策分为八种类型,如

---

① 节选自:王欣、罗京云《优秀员工的良好工作习惯》。

表 3-2 所示。

表 3-2 职业决策八种类型

类 型	说 明
延迟型	知道问题所在,但是经常迟迟不做决定,或者到最后一刻才做决定
宿命型	自己不愿做决定,把决定的权利交给别人或者命运,认为做什么选择都是一样的
顺从型	自己想做决定,但是无法自己坚持己见,常会屈从权威的决定
麻痹型	害怕做决定的结果,也不愿意负责,选择麻痹自己来逃避做决定
直觉型	根据感觉做决定,大多数情况下只考虑自己想要的,不在乎外在的因素
冲动型	不愿意思考太多,往往基于第一想法做出决定
犹豫型	考虑过多,在诸多选择中无法下决定,常常处在痛苦的挣扎状态中
计划型	做决定倾听自己内在的声音,也考虑外在的环境要求,以做出适当的决策

关于如何决策,Gati 等人发明了职业决策 PIC 模型,如图 3-3 所示。

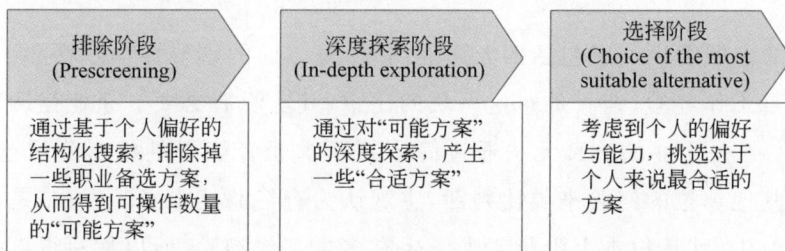

排除阶段 (Prescreening)
通过基于个人偏好的结构化搜索,排除掉一些职业备选方案,从而得到可操作数量的"可能方案"

深度探索阶段 (In-depth exploration)
通过对"可能方案"的深度探索,产生一些"合适方案"

选择阶段 (Choice of the most suitable alternative)
考虑到个人的偏好与能力,挑选对于个人来说最合适的方案

图 3-3 职业决策 PIC 模型

有人说,决策永远是"拍脑门"的,从心理学角度看,这话很有道理。我们在职业决策过程中,无论你排除哪些因素不加考虑,其实都是一个比较模糊的理性决策,信息的复杂程度和自我认识的智慧程度决定了我们几乎永远不可能做到精确判断。例如,即使你做了素质测评、职业性向测评,你还是会怀疑这些测评结果是否准确;即使你对外界职业环境和趋势有了规范深刻的调查,最后在做决策时,你还是会怀疑这些信息是否准确,是否为最新的。可是,怀疑没有用,最终我们还得做决策。那怎么办?我们究竟如何做决

策呢？

给你的建议是：差不多就好，想好了就行动。

所谓差不多就好，意思是我们不能奢求自己能够做出精确的理性判断，要相信自己的直觉判断，而直觉判断是不需要那么多理由的。但不管如何判断，明确事业方向和职业理想是前提。

2）简历制作

简历是和用人单位沟通的通路，是招聘人员了解你的首要途径。适度地引起用人单位对你的兴趣才是最重要的。一份好的简历，可以在众多求职简历中脱颖而出，给招聘人员留下深刻的印象，是帮助你应聘成功的敲门砖。

求职简历不是履历，它的主要作用是让用人单位快速了解你是一个什么样的人。简历是有特定读者的，在企业，第一读者是单位的 HR，第二读者是用人部门的主管，第三读者是总经理或老板。你的简历必须针对他们来制作。所以，简历需要在内容、形式和投放方面下工夫。

（1）内容。

大学生的求职简历一般包括四方面的内容，每方面的重要性都差不多。有人问，说企业特别注重工作经验，能否加重这一块的比重，其实没有必要。企业强调工作经验的原因有两个：一是企业的 HR 无法通过简历判断求职者能否胜任本公司这个岗位，试图通过你在其他单位的经验来类比判断，主观认为有经验比没经验好；二是企业一旦决定招大学毕业生，就从根本上没指望大学生有多少工作经验，所以你写得再多也没用。

① 个人信息：包括姓名、性别、年龄、婚否、身高、体重、健康状况、身份证号码、籍贯、民族、信仰、政治面貌；户口所在地、目前住址、联系方式；毕业院校、就读专业、学历学位等。有些岗位工作保密性强，需要提供家庭信息或主要社会关系信息；有些岗位重视外貌，需要拍一张标准简历照。需要根据企业和岗位的实际需要选择披露以上信息。

② 知识经验：知识方面包括主辅修课程、经历的培训及取得的证书，其他研读过的著作；经验方面包括在学校的社团工作经验、比赛经验、实习经验或工作经验，还包括发表过的论文，所获得的奖项等信息。需要说明的是：仅把学到的知识和累积的经验（包括失败）告诉用人单位还略显不足，亮点是在后面写上掌握了什么。例如，"通过……学习（实

习)，掌握了……方法与技能。"

③ 基本素质：主要包括天赋与性格两个部分，其中天赋要从六种基本天赋中选出优势天赋 2～3 项来描述，性格也是要从六项基本情绪模式中选出 2 项来描述。不同天赋个性对应的能力或影响力见"素质要素一览表"(见表 1-4 和表 1-5)。需要特别提醒的是：所选择的优势天赋与个性必须与岗位胜任素质模型一致，否则还不如不写。例如：

- 具有很强的机会把握能力，尤擅长计算。
- 具有很强的工作魄力和执行力，擅长现场管理。
- 具有很强的想象力和逻辑能力，擅长设计规划。
- 具有很强的亲和力和表达能力，擅长人际沟通。

④ 愿望心态：主要包括人生观、价值观、事业观与工作观。其中，人生观描述你对人生意义、人生使命的观点，价值观描述你对待主要行为的价值倾向，事业观描述你对产品或事业的理解与热爱程度，工作观描述你对工作报酬的理解与需求。例如：

- 人生观——积极进取，做好该做的事。
- 价值观——学习、创新、分享、奉献。
- 事业观——拥有事业是必需的，无论是创业还是从业。
- 工作观——薪酬的多少来自客户对自己劳动价值的认可。

需要说明的是：目前很多企业并没有明文规定需要你提供这些信息，很多求职者也没有提供这些信息，但是企业的决策者在内心深处却十分想了解。如果你提供了这些信息，会让他们眼前一亮，只要描述恰当，他们会觉得你是一个很有思想的人。

(2) 形式。

简历的形式十分重要，尤其在吸引招聘官阅读方面具有不可替代的作用。调查表明，吸引招聘官认真看完你的简历，首要因素就是简历的形式。

简历的形式包括语言文字表达、排版设计两方面。

① 语言文字表达。语言文字表达是在考验我们的语文功底，我们必须在有限的篇幅内向读者展示你是一个怎样的人，同时还要让读者阅读时产生愉悦的感觉。要写好这些文字，有三个原则。

第一，表达目标明确。就按上述的四方面内容进行描述即可，不要写与所应聘的岗位不相干的内容,同时语气坚定自信,字里行间体现出一股精明干练的职业气质。明确地告诉对方,我是来参与工作的,贵公司这个岗位,我是最适合的!简历的大小标题特别重要,要与内容匹配。尤其是大标题,不要直接写"个人简历"四个大字,你尝试换一个,如"郑小琪的简历",跟电子版的文件名一致。副标题字小一点,可以写"有志从事××类职业",或直接写联系电话。

第二,描述风格严谨。严谨就是要体现认真负责的态度。如果不是设计师、广告文案等艺术性较强的岗位,简历的写作文风最好严谨一点,因为 HR 和部门经理都是从业者,严谨认真的工作态度与作风是他们希望看到的。一切标新立异、俏皮搞怪的做法被选中通知面试的概率要小得多。

第三,文字简练精确。简历强调的就是一个"简"字。HR 们工作都很忙,他们没有太多时间研究你的简历,所以简历中文字一定要简练,要做到惜墨如金,坚决不要说废话,更不能作假或似是而非,不然以后被发现将十分被动。同时用词要讲究精确,要反复推敲,找到最精确的字词来表达,尤其是那些能够反映你能力的形容词,如"极强的""很强的""较强的"。

② 排版设计。

简历的排版设计很重要,相当于店面的装修。经验丰富的求职者的简历页数可以是两页,甚至是三页,但大学生的简历最好就一页。几乎没有几个 HR 会有耐心阅读两页以上的简历。例如,文本式的版面设计可以参考以下样式。

【规 格】A4(21 cm×29.7 cm)。

【字 数】500 字左右。

【字 体】宋体、仿宋体、标题加粗或黑体不加粗。

【字 号】五号、小五号(视字数确定),标题四号或三号。

【页边距】上下左右 2～3 cm。

【行间距】1～1.5 倍(视字数确定)。

【段间距】6～12 磅(配行间距)。

在版式设计上,原则是视觉舒服、重点突出。如果是管理类的岗位,版式设计可以简朴一点;如果是艺术类岗位(如策划、文宣),版式设计可以灵活一点,主要是要有针对性。

具体的设计样式,网络上都有很多模板,Word、WPS 也自带了很多漂亮的模板。这里特别不建议用人才网自带的模板,那些千篇一律的模板基本上没法体现个性与应聘岗位的针对性。

(3) 投放。

简历的投放也有讲究。投放一般分两种:现场递交和网络邮件,不同的场合注意点略有不同。

在招聘现场投放简历是直接交打印好的文本给招聘官。现场递交简历有几个要点。

① 简历打印要用 80～150g 质量好的纸张,黑白的也可以,但一定要干净平整,不要有褶皱、污渍。最好贴上彩色的职业照,还可以在留白处亲笔签名,给人以"正本"的感觉。只要你做的简历足够严谨、大气、精致,就没有哪个 HR 轻视。

② 递交简历时要放下其他东西,双手把简历交给招聘官。当招聘官浏览完后,如果有提出看其他证件或资料,再把准备好的资料拿出来交招聘官查验。这个过程中,简历可以留下,除非招聘官有特别要求,其他资料可以带走。

网络投放简历大多以发邮件的方式。要点如下。

① 邮件的标题。除在企业的官网进行"网申"外,大部分简历将通过邮件发送。邮件的标题十分重要,关系到招聘官能否点击你的邮件。邮件的标题不能有那些乱七八糟的符号如 &、%、#、@、*……,招聘官会误以为是垃圾邮件或病毒文件。最好切中主题,采取"姓名+应聘岗位"方式,如"郑＊琪的简历(应聘企业文化专员)",注意不要画蛇添足,在标题内留下"大学毕业生"字样。

② 求职信。有段时间比较流行写求职信,现在慢慢少了。求职信的好处在于让招聘官在邮件正文就能看到关键信息,省去了打开附件的麻烦。如果你的简历是文本而不是表格,最好把简历复制在邮件正文处;如果是表格,复制后容易变形,最好采用链接附件的方式。邮件正文也不宜留下大块空白,可以写几句能吸引招聘官点击你的简历附件的文字。

③ 简历的跟踪。首先是你要确保自己的邮箱具有稳定性,以确保邮件有发出和能够收到企业的回复。简历发出后,为了促使招聘官查看你的简历,你还可以在企业招聘截止日期后进行跟踪,即打电话给招聘官,谦虚地介绍自己,然后问问邮件有没有收到,并表达

希望能够得到面试机会的愿望。

④ 其他注意事项：一家公司用一份简历，不要应聘多个岗位，因为这样会让招聘官误会你缺少职业生涯规划。邮件发出的时间不妨在招聘截止之前，这样可以让你的邮件排序靠前。不主张在简历中故意写企业的某些缺点，虽然这样做可以增加面试机会，但是风险也很大，一方面企业的缺点不是你一个毕业生可以随意评价的，另一方面在面试中需要化解敌意。注意经常保持更新自己在简历库的信息，保持吸睛率。

3）面试攻略

任何简历都没有办法让用人单位深刻了解求职者，因此面试是用人单位选拔人才必不可少的重要环节。

（1）面试的形式。

面试的形式一般分个体面试和集体面试两种，无论哪种形式，我们都必须信心满满，不能怯场。

（2）面试的种类。

面试的种类分结构化面试、压力式面试、随意式面试和情景式面试。比较常见的是结构化面试和随意式面试。结构化面试就是 HR 预先准备好了固定问题。随意式面试就是不设置固定问题，随意交谈。二者相比，随意式面试难度更大，面试官的职务一般也比较高。看似随意的问题，背后都隐藏着较深刻的用意。

（3）面试的程序。

面试程序通常包括面试通知与准备阶段、见面阶段、面试阶段和结束阶段。在面试通知与准备阶段最重要的是查一下对方是哪家公司（投简历时的记录），确定应聘的是什么岗位，然后网查这家公司的详细情况，主要看企业文化（包括产品），尤其是企业价值观，然后是发展战略，最后看一下有没有组织结构，力求全方位了解这家公司，有的还要提前一天过去"踩点①"。准备好相关资料也是这个阶段必须做的，包括身份证、学历证书、培训证书、获奖证书、作品、简历等。在见面阶段，重点是要表现你的阳光与自信，给人留下一个好的第一印象。在面试阶段，主要是回答问题，需要做到从容不迫，知道就知道，大声说

---

① 指的是预先到某个地方进行考察。

出来就好,不知道就说不是很清楚或说没怎么研究。在结束阶段,你可以提出几个问题,如:"想了解一下贵公司的企业价值观""贵公司的人才理念是什么?"也可以直接表达自己的愿望,如:"我衷心希望能加入你们!"

(4)面试技巧。

面试技巧主要体现在交谈沟通技巧和礼仪技巧两方面。

交谈沟通技巧如下。

① 秉持谦虚、包容、直白的沟通原则。

② 仔细倾听,听出面试官问题背后的意思。

③ 尽量做到有条理,准确表达,摆事实讲道理,格式有点像议论文。

礼仪技巧如下。

① 准时,最好提前几分钟到达。

② 耐心等待,绝对不能猴急坐不住。

③ 发现企业一些不好的现象要包容,面试时也不轻易指责。

④ 要注意肢体语言,全过程要求站有站相、坐有坐相。

⑤ 交谈时不要打断对方说话,有不同意见也要以谦虚的口吻表达出来,如"关于这个问题,我有一个不成熟的想法……"。

⑥ 应关闭手机,在面试中接打电话,总是让人不愉快的,尽管对方表示理解。

(5)面试禁忌。

① 不要迟到或失约,实在不能如期赴约,要尽早通知对方。

② 千万不要说谎,也不要不懂装懂或夸夸其谈。

③ 忌争辩、诉苦、发牢骚,传递负能量。

④ 慎用"居其上,得其中"的高价薪资策略。

(6)面试实战问答。

① 问题:请你自我介绍一下。

分析:这个问题的实质是用人单位考察你的表达能力。

回答重点:你可以简明扼要地介绍自己的姓名、年龄、籍贯、毕业院校、所学专业、毕业时间、工作经验,天赋、个性、事业理想、职业规划。这个过程一定要简洁流畅,一般控制在 1～3 分钟。当然，也可以跟其他应聘者不同，你可以跟面试官商量，讲一个你小时候记忆犹新的故事给他们听。

② 问题：请说一下你的优点或缺点。

分析：这个问题及其与之相关的问题都是在了解你的天赋与个性。

回答重点：你可以把你的测评结果告诉对方，例如，"我的优势能力是理解能力与逻辑思维能力，最擅长学习与思考复杂问题，个性方面具有责任心和同情心。相对而言，探索和把握机会的能力较弱，还有安全意识与忧患意识也不强。"

③ 问题：请你谈一下你的职业发展规划。

分析：这个问题是考察你有没有职业规划，是什么样的职业规划。

回答重点：你要把自己的事业发展方向、职业发展路径与策略告诉对方。例如说："我觉得自己天生就是做研究的料，所以我的事业方向就是搞发明创造；而且我的动手能力特别强，对机械情有独钟，所以我的职业理想是做一名机械研发专家；我打算进入机械行业同时有较好研发条件的企业发挥我的天赋。"

④ 问题：你希望什么样的薪酬？

分析：这个问题是企业考察你的价值观。

回答重点：你可以从容地回答，"我认为薪酬的多少是与我在公司做出的贡献相关的，做出的贡献大，公司就会承认我的劳动价值，给我合理的薪酬，这一点我毫不担心。如果硬要我说一个范围，我想说试用期的工资至少能满足自己养活自己，与社会平均工资相当即可，试用期后双方再谈。"

2. 如何度过试用期

不同用人单位、不同的岗位其试用期都不一样，一般都会在《劳动合同法》规定的范围之内。

试用期是双方在工作上的磨合期。在试用期内，用人单位可以通过这个时间段全面考察新人的知识面、能力、个性、心态、修养。当然，新进人员也可以通过试用期全面了解企业的文化、战略、制度，同时预测自己在这里的发展前景。那么，试用期要如何表现才能让同事和上级认可并顺利转正呢？这里总结了心态、思想与行为三个方面的心得供大家参考。

1) 心态

(1) 不忘初衷。

被新单位录取并不意味着万事大吉,一切都才刚刚开始,相当于万里长征才迈出了第一步。我们丝毫不能忘记我们来到企业工作的初衷是什么。还记得吗？首先你是来做事业的,是跟大家一起来这家企业做共同事业的。一个事业是由无数多的事情构成的,而做的这些事情老板都应想到并有相应的解决措施。所以,做事业的心态可不是"打工"心态,而是"老板"心态。不同的心态决定了不同的想法,不同的想法决定了不同的行为。

(2) 谦虚。

谦虚是指不自满,肯接受批评,并虚心向人请教。要知道,在企业不讲学历,只讲实力;不讲文凭,只讲水平。所以,作为职场新人,我们千万别把自己是高学历当一回事。要以学习的心态,放低身段,谦虚地跟同事学习。谦虚并非是故意的,假装的谦虚比不谦虚更让人鄙视,因此,你必须看到周围每个人的优点或长处,眼睛盯着他们做得好的地方。

(3) 包容。

包容即宽容,指不轻易否认别人的观点。世界上没有十全十美的人,也没有十全十美的企业,追求完美只会让你一事无成。作为职场新人,你在同事眼里就是一只"菜鸟"。你一只"菜鸟"不知道天高地厚,整天说这个不好,说那个不对,这在职场是非常忌讳的。所以,学会包容是必需的。

(4) 直白。

直白就是直接坦白,不说假话,愿意把内心的想法和不成熟的观点表达出来。企业创造价值都是通过发挥人的能力实现的。因此,在企业的每位员工都需要为企业创造出价值。换句话说,就是让自己的劳动有价值。作为职场新人,我们在试用期的一举一动都被观察着,我们要擅于抓住机会表现自己的创新思维。不必担心因此会得罪同事或抢了同事的风头,只要你在表达之前加一句话就好:"对于这件事,我有一个不成熟的观点,请大家看看有什么不妥……"

(5) 热情。

热情产生于群体人格,是人生观修养的具体表现。热情从本质上讲是无私的,从其出发点看,热情的第一动机是让别人满意;从其过程来看,热情的过程是向对方表示友好与同情；从其产生的结果来看，热情是利他的。理解热情的内涵对职场新人适应新的工作环境十分重要。即使你是内向的性格，一旦理解了热情，人格也会有所升华。在热情驱动下，你会觉得周围的每个人都很重要，你对待他们的态度就会像对待久违的朋友一样充满了真诚的感情。

2）思想

（1）每个公司的企业文化不同，其价值观取向也不同。

作为职场新人，我们有必要理解同事之间因价值观不同产生的冲突。这些冲突有时是表面化的，有些是以潜规则的形式发生。对于职场潜规则，我们要充分理解，要知道这些规则只是具有缺陷的制度，暂时不宜公布而已，对企业的运营起着不可替代的作用。在试用期，最好不要对这些潜规则发动冲击，因为这样一定会影响一部分人的利益，而这些人之所以还留在公司，一定有他的积极作用。如果你没有一套完整的改革方案并征得绝大部分同事的认同，一旦把事情搞大了，老板权衡利弊得失，十有八九开掉的是你。

（2）不要锋芒毕露，也不要过于沉闷。

在试用期，你的表现要恰到好处，既不要锋芒毕露，也不要过于沉闷。锋芒毕露的后果就是威胁到了同事的既得地位或利益，意思是如果老板承认了你，就意味着否定了他们的过去。而公司的发展确实又离不开这些老员工坚持不懈的努力，在没有更好的解决方案之前，你的锋芒就是具有破坏性而不是建设性的。同时，试用期你也必须有所表现，只是每一次表现都要考虑到相关方的利益，把握的原则就是你提出的任何方案或建议都具有"建设性"，也即包容性，不影响其他人的既得利益。

（3）不要和外界比较薪资和福利，别总想着跳槽。

关于薪酬待遇的道理，我们在面试的时候已经说过，这里就不再赘述。要强调的是永远不要后悔自己当初的决定，"福兮祸所伏，祸兮福所倚①"，或许较低的薪酬更具上升空间或刚好成为你努力进取的动力。实际上，很多公司老员工，他们的工资很多并不高，如果要离开，或许他们会得到比现在更高的薪酬，但他们就是没有离开公司的念头，为什么，他们有的说"习惯了"，有的说"老板人不错"，还有的说"公司人际关系融洽"。另外，作为

---

① 《老子》第五十八章。

职场新人,别总想着跳槽,这种"吃着碗里的,瞧着锅里的"的想法十分令人反感,因为你在忽悠大家,让大家把宝贵的时间浪费在你的身上。

3）行为

（1）踏实。

踏实是一种做事的风格。首先,在企业,大部分员工都是执行层或操作层的基层一线人员。试用期你就是跟他们在一起工作。这部分员工,他们的价值观大多是实干,他们不喜欢那种夸夸其谈、光说不练的人。如果你跟他们不一样,没有他们那种踏踏实实做实事的风格,他们就会在 HR 来调查时给你"差评"。其次,作为一个刚毕业的大学生,先在基层干几年,这几乎是双方的一种心理契约,在试用期表现不够踏实,趋于浮躁,受中国传统文化影响,那公司领导就很有可能认为你将来难成大器。

（2）勤快。

勤快是顺利度过试用期的法宝。这里讲一个案例:小张和小刘是同一批招聘进公司的大学毕业生,他们正处在试用期的第一个月。他们的工作任务是帮助研发部通过网络或图书查找市场相关资料与信息。每天早上,小张总是准时到达公司,也能很快进入工作状态,下班也很准时,看上去他跟大多数同事一样,没有任何问题。小刘却有些不一样。她每天总是提前半小时到达公司,然后以最快的速度把整个研发部的卫生打扫一遍,其他同事看到了都连连点头。下班以后,小刘还要花两个小时整理白天收集回来的资料。一个月下来,小张和小刘同时交出了他们收集的资料,小张的是资料原件,小刘的资料不但有原件,还多了一份整理出来的资料清单、要点及页码。试用期的结果可想而知,大家一致认为小刘表现不错,应该留下来。

3. 你不是一个人在战斗

管理学家斯蒂芬·P·罗宾斯认为:团队就是由两个或者两个以上的相互作用、相互依赖的个体,为了特定目标而按照一定规则结合在一起的组织。

传统认为:团队的五要素为目标、人、定位、权限与计划。其中最重要的要素就是人,一个具有共同的事业梦想、共同的价值观、互补的天赋性格的团队,可以称之为梦幻团队。

企业组织也是一个大团队,在这个团队中,有决策层、管理层、执行层（操作层）,进一步分解为企业的各个职能部门;企业的领导班子也是一个团队,在这个团队中,有决策者、影响决策者、辅助决策者这些角色。

在企业,每个人都要清楚地知道"你不是一个人在战斗",团队力量才是企业的核心力量。作为职场新人,更应该约束自己的个人英雄主义,学会依赖团队,顾全大局,这就是团队意识。

团队意识的内涵是包容和补台。

包容指宽容队友的"缺点"。要知道,如果你的队友没有这些你"讨厌"的缺点,那么在这个团队中,你就没有必要存在了。另外,"讨厌"是一种个体心理体验,对你来说或许是真实的,但对别人来说却不一定。每个人因天赋个性不同而表现的价值观不同。

补台指用你的长处弥补队友的短处。补台是正能量,不是"揭短"或"拆台"这样的负能量。补台强调一个"补"字,而不是去打破重建。队友讲错了话、做错了事,你不能去责怪他,而是要想方设法去弥补,还要替队友说好话,维护其正面形象,只有这样才能维护团队的整体利益。

价值观即价值取向,是一个人对某种行为有没有价值的判断标准。研究表明,这些标准的产生与这个人的天赋个性特征有关。例如这个人视觉天赋很好,那么他就具有很强的观察能力和美术天赋,对审美有感觉,认为眼见为实,这就是他在这个方面的价值观。

第二节 职业选择策略

一、外部环境分析

1. 大学毕业生就业形势①

2020年的应届高校毕业生达到874万人,同比增长40万人,高校应届毕业生新增岗位同比降幅达49%,而100人以下的小微企业对应届毕业生的需求同比降幅更达到了60%以上。与此同时,疫情导致更多海外留学生选择回国找工作,这让2021年的职场新人们面临更加激烈的竞争。2020年,向国内岗位投递简历的海归人才数量较2019年增长了33.9%。而在2021年春节后第二周,随之考研成绩公布,更多应届生流向就业市场,

---

① 来源:学习啦,文桦编辑,2016-04-27。

求职人数同比增长 143.1%。随着高等教育的不断普及,各类大专本科不断进行扩招,导致遍地都是大学生,随着而来的也是巨大的就业压力!2021 年的应届毕业生 909 万人,比 2020 年足足多了 35 万人!毕业生人数是越来越多,但社会上的岗位却越来越少,企业招聘要求也会变得越来越高。

(1)内外经济增速趋缓,将对就业产生一定影响。市场预期和企业转型升级对就业的影响依然较大。一是企业转型升级的步伐缓慢,一些中小企业、民营企业技术创新的能力还比较薄弱,产品结构转型的步伐比较缓慢,受国内外市场竞争、产品技术含量、附加值等因素的影响,企业不得已实施低价竞争策略,部分企业过分控制人工成本,支付给员工的工资待遇偏低,导致员工流失;二是部分企业对近期的生产形势不够乐观,裁员频繁,急于消解成本压力,这在一定程度上伤害了员工对企业的感情;三是部分企业的社会责任感比较欠缺,长期沿袭的"需要就招工、不需要就解雇走人"的用工模式伤害了劳动者的感情,让他们没有安全感和稳定感。

(2)社会对于毕业生学历层次的需求越来越高。目前我国中高层次的人才严重短缺,社会对高层次的复合型、外向型和开拓型人才的需求日益迫切,呈现对人才结构的需求层次重心上移的趋势。在毕业生就业中研究生已越来越"抢手",本科生还能基本平衡,专科生则较明显地呈现供过于求的趋势。高校、科研单位、大机关、大公司已经基本上以接收硕士研究生、博士研究生为主,甚至连一些中小型单位都开始希望多接收研究生。这种社会现象致使现在不少用人单位存在"人才高消费"的错误观念,盲目追求高学历人才,因而对毕业生的需求出现扭曲,人为地制造了就业难。

(3)毕业生的就业期望值居高不下仍然是目前高校毕业生就业工作中的主要难题。毕业生们普遍感到"找不到理想的单位",而同时有许多基层一线的用人单位急需人才但又招聘不到毕业生,这就反映出毕业生求高薪、求舒适、求名气的心态仍较普遍。目前毕业生中间以事业发展为重的并不占多数,而是普遍希望能到那些大城市、大机关、大公司、大企业等大单位工作,希望能去的单位名声好、工作条件好、生活待遇好、有出国机会,甚至离家比较近等。大多数毕业生想留在大城市、沿海开放城市工作,然而目前实际最需要毕业生的却恰恰是那些边远地区、中小城市、艰苦行业的基层一线中小型单位,这些地区和单位人才奇缺,非常希望能接收到大学毕业生,但年年要人却年年要不到人,没有多少毕业生愿意到这些地方去,分配去的毕业生也容易流失,叫作"要不到、分不来、用不上、留不住"。这样造成毕业生为一个较优越的职位竞争激烈,从而使不少毕业生错过择业良机。

(4)毕业生的能力素质与用人单位的要求存在较大差距。现在用人单位对高校毕业生的敬业精神、职业道德、思想道德觉悟和能力素质水平都提出了越来越高的要求,看重"人品"和能力,对专业反而越看越淡。不少单位已经开始对接收毕业生持"宁缺毋滥"的态度。因此,学生干部和学生党员以及那些综合素质好、动手能力强、敬业精神好以及有各种特长的毕业生越来越受欢迎。高等学校毕业生的就业形势是十分严峻的,即将进入就业市场的大学生应对此有足够的思想准备。

党和国家对大学毕业生就业高度重视。根据不同的就业形势,国家每年都出台了相应的就业政策和措施,为引导、协调、安排毕业生就业提供了有力的保障;同时,随着社会的迅速进步,知识经济的突起,各种经济成分的共同发展,社会对人才的需求量越来越大,非公有制企业、乡镇企业、广大基层和欠发达地区更为毕业生提供了施展才华的广阔用武之地。国家政策大力扶持的就业项目有"预征入伍""部队士官招聘""西部计划""大学生村官计划""三支一扶"等。另外,国家积极鼓励高校毕业生自主创业,我们可以在一定的条件下,瞄准商机,发挥一技之长,自主创业,自谋职业,在解决自己就业的同时,为社会提供新的就业渠道,缓解就业压力。

在这样的就业形势下,大学生们要怎么做呢?

(1)认真做好自身的职业生涯规划,做好就业的准备。首先,要树立正确的职业理想。我们一旦确定自己理想的职业,就要依据职业目标规划自己的学习和实践,并为获得理想的职业做好积极准备。其次,正确进行自我分析和职业分析。自我分析即通过科学认知的方法和手段,对自己的兴趣、能力、气质、性格和能力等进行全面分析,认识优势与特长、劣势与不足。职业分析包括职业发展趋势分析、企业相关职位胜任模型分析。

(2)提高自我的社会适应能力,提升就业能力。一些企业在挑选和录用大学毕业生时,同等条件下,往往优先考虑那些曾经参加过社会实践且具有一定组织管理能力的毕业生。这就需要我们在就业前注重培养自身适应社会、融入社会的能力。所以,在大学期间要注重这方面经验的积累,尤其是省属高校的大学生,一定要尽可能多学一些在以后工作中实用的职业技能和职场常识。

（3）转变就业观念。我们应从实际出发，抛弃"社会精英"的过时情结，树立大众化的就业观。目前二三线城市急需大学生这样的高素质人才，民营中小企业等还存在大量的用人需求。我们还应树立基层意识、事业意识和奋斗意识，到基层锻炼自己，挖掘潜能，还可以将眼光投向西部，在西部地区锻炼成才，逐步树立起"先就业、后择业、再创业"职业选择策略，从现实出发，选择自己的求职道路。

2. 行业、职业与就业单位

1）2021年行业发展态势

2020年，受新冠肺炎疫情倒逼，大数据技术、产品和解决方案被广泛应用于联防联控、产业监测、资源调配、行程跟踪等新兴领域。百度、众云利用大数据平台优势打造"疫情地图"，实现疫情数据实时更新，以及潜在疫情动态监测。电商平台发挥"大数据＋供应链"优势，通过智能调度进行供应链柔性配置，最大程度地满足疫区医疗防护物质需求。

随着各行业领域大数据应用主体持续增加、应用需求大量激发，国外先进、通用的技术路线越来越无法适应庞大、多元、复杂的融合诉求，与业务特点相匹配的个性化、定制化大数据解决方案日益受到青睐。展望2022年，以大数据为代表的新一代信息技术主导权竞争日益激烈，我国拥有技术能力的企业在大量创造数据应用新场景和新服务的同时，将更加注重基础平台、数据存储、数据分析等产业链关键环节的自主研发，并有望在混合计算、基于AI的边缘计算、大规模数据处理等领域实现率先突破，在数据库、大数据平台等领域逐步推进自主能力建设。

2）职业发展趋势

现代科技的发展带来了许多新技术、新产品和新工艺。这些新技术、新产品和新工艺的研究、开发、应用必然导致部分职业的新旧更替。例如，电子计算机技术的发展，使得诸如电报发报、电话接线、机械打字等传统职业逐渐走入末路，但随之而来的电子通信，网络服务，电子保安，计算机制造、调试、维修、设计、培训等新职业却一个个破土而出。

科技发展使职业发展越来越呈现出这样的特点，即脑力劳动职业发展速度越来越快，体力劳动职业将越来越少，经济部门和服务性行业的职业越来越多，行政管理等行业的需求越来越少。

未来职业发展的特点表现在三方面：①职业的教育含量增大；②职业要求不断更新；③永久性职业减少。

热门职业是人才市场供求双方都非常关心的职业，只要有可能，双方都愿意率先进入热门职业。因为从事热门职业和录用有热门职业专长的人，都会有助于保证在激烈的市场竞争中获得更多的生存机会和发展机会。热门职业一般是根据经济发展的情况形成的，21世纪是知识经济时代，高新技术、电子通信将是经济新的增长点。所以，一些与信息、生物、高新科技迅速发展相关的职业逐渐成为热门职业。

加入WTO也对我国经济产生了重大影响。中国加入WTO后增加了1200万个就业机会。加入WTO后一些行业的兴衰，引起了我国社会职业结构的不同变化。外语类、金融财会类、商贸类、旅游类、法律类以及经济管理等职业需求形势逐渐走俏，国际经济贸易类、与涉外专业有关的职业重新热起来。

随着高新技术企业的飞速发展，与此相关的职业在量的增长方面也将有较大突破。

(1) 软件开发、硬件维护、网络集成等科技类职业。

(2) 通信工程、无线电技术等电子工程类职业。

(3) 农科类职业。

(4) 金融、房地产、信息咨询等第三产业。

(5) 政法类职业。

(6) 师范、医科类职业。

(7) 环境类职业。

(8) 院外医疗业。

(9) 美容职业。

(10) 国际商务策划师。

3) 未来衰落的职业

(1) 无人驾驶的世界加速到来，以后打车可能没有司机了。

(2) "机器换人"无人工厂时代，流水线不用人了。

(3) 央行数字人民币或将落地，收银员将淡出视野。

(4) 智能客服转型升级，人工客服岌岌可危。

（5）保安行业正在被智慧安防抢饭碗。

4）就业单位的性质

（1）公务员（含事业单位）。

中国国家公务员指在中华人民共和国政府中行使国家行政权力、执行国家公务的人员。国家公务员分为政务和业务两类。政务类公务员必须严格依照宪法和组织法进行管理，实行任期制，并接受社会的公开监督。业务类公务员按照国家公务员法进行管理，实行常任制，国家公务员执行宪法、组织法和国家公务员法以及国家公务员条例规定的职责。

事业单位是指由政府利用国有资产设立的，从事教育、科技、文化、卫生等活动的社会服务组织。事业单位接受政府领导，是表现形式为组织或机构的法人实体。与企业单位相比，事业单位有以下特征：一是不以营利为目的；二是财政及其他单位拨入的资金主要不以经济利益的获取为回报。

在职业选择过程中，如果要选择从政或考公务员，那么就需要对这些职业认真分析。由于中国社会正处在由计划经济转向"有中国特色的市场经济"重要的转型变化中，这个过程也是一个利益格局重新分配的过程。

（2）垄断性国有企业。

垄断性国有企业一般具有经济目标的双重性特征，即垄断企业不仅要追求利润目标，而且还承担着一定的社会义务，企业在经营活动中同时要考虑利润目标和社会目标。在我国，垄断国企有水、电、气、铁路、公路、石油、邮政、通信、金融、航天、军工等。

有人把垄断企业的薪酬（包括工资、奖金和现金福利）做了如下排名。

第一档：国家电网、中石油、中海油、中石化，新人转正税后年薪 20 万元以上。

第二档：中国移动、中国网通、中国联通，新人转正税后年薪 15～20 万元。

第三档：四大银行、国有保险公司，新人转正后年薪 10～15 万元。

第四档：五大发电集团、几大进出口公司，新人转正后年薪 10～12 万元。

第五档：其他非垄断性国企，新人转正后年薪 8～10 万元。

对于垄断国企的改革，2013 年十八届三中全会已经给出了清晰的回答："保证各种所有制经济依法平等使用生产要素、公开公平公正参与市场竞争、同等受到法律保护……"要实现公平竞争，就必须"进一步破除各种形式的行政垄断"。对于"国有资本继续控股经营的自然垄断行业",也要"实行以政企分开、政资分开、特许经营、政府监管为主要内容的改革"。换言之,除了自然垄断行业之外,其他领域的央企行政垄断必须破除。

(3) 竞争性国有企业。

竞争性国有企业也叫非垄断国有企业。这些企业都是由国资部门管理的营利性国企,其特点是采取国资控股或参股形态,以追求营利为目的。

(4) 外资企业。

改革开放以来,我国利用外资取得了举世瞩目的成就:①外商长期持续地对工业领域投资形成了强大的生产能力。②外资企业对利润、税收和就业以及出口贡献较大。③外商直接投资促进了我国工业行业结构调整,对我国产业技术升级发挥了积极作用。

俗话说"三十年河东,三十年河西"。40多年前,外企非常重要,我们要引入资金,引入技术;外企要占领市场,要赚钱。40多年后,中国已经是全球第二大经济体,外企的超国民待遇日渐衰微。

以前,外企在中国是高薪、高福利的代名词。一个年轻人,如果能进入外企工作,那一定是标准的白领阶层,让人羡慕。但是,现在有点不一样了,无论是从企业的运营层面,还是中国政治经济的大环境方面看,外企在中国的好日子貌似有些难以为继了。

(5) 民营企业。

改革开放40多年来,民营经济克服了基础薄弱和先天不足等劣势,已成为国民经济的重要组成部分,成为国民经济中最为活跃的经济增长点。客观地说,民营企业的发展正从初期向中期转变,向着更合理、更科学的方向发展。

目前民营企业遇到的问题包括:①发展环境有待进一步改善。②管理水平低下。③人才机制不灵活。④企业生命周期过短。⑤决策盲目,风险经营。⑥设备科技含量低,技术改造相对滞后,导致企业发展后劲不足。

不止一个民营企业的老板说:民营企业最大的问题就是人才问题。许多民营企业叫喊着人才难求、人才难留。比较不知名的民营企业都是把大学本科生当作人才来看待,这反映了他们在内心深处对人才的渴望。在人才市场,很多大学本科生应聘的单位首先并不是民营企业,去民营企业应聘,对他们来说很多只是"不得已"而为之。这就是目前民营企业人才供给与需求的基本状态。

其实在民营企业,发展空间和机会远大于外资企业和国企,如果你不是为了"钱多、事少、离家近",而是真正想做一番事业,那么,选择民营企业更容易成功。

总结一下,不同类型企业职业发展条件对比如表 3-3 所示。

表 3-3   不同类型企业职业发展条件对比

企业类型	发展空间	发展速度	工作压力	薪资待遇	培训机会	工作环境
事业单位	小	慢	低	低	中	好
垄断性国有企业	小	慢	低	高	多	好
竞争性国有企业	小	慢	低	中	中	中
外资企业	中	中	中	高	多	好
民营企业	大	快	高	低	少	一般

3. 就业单位内部环境分析

1) 企业文化

文化的本意是"以文化之",这里的文是承载精神内涵的形式,化作为动词,是变化、改变、统一的意思。因此,我们把文化的定义为——以一定形式传承智慧[1]。

企业文化是在企业长期发展历史中形成的,且被企业成员共同认可并传承的智慧。

企业文化的内涵是智慧,主要指精神层面的六个要素:产品文化、企业使命、企业价值观、企业精神、企业愿景、企业理念。

企业文化对企业的生存发展起着先决条件的作用,主要包括三个方面:解决企业可持续发展问题;企业利润[2]的主要来源;制定企业发展战略的前提。

企业文化的六个要素分别具有不同的作用,如表 3-4 所示。

调查表明:不能适应一个企业的文化是离职的主要因素之一,甚至是决定性因素。因为一个企业的文化决定了这个企业的产品是不是好卖,只要好卖,就解决了用钱能解决的问题,包括员工的薪资待遇和工作硬件环境;同时还决定了这个企业的软环境,包括员工对企业的归属感、对人际关系的认同感、对职业发展方向感、对工作的自豪感和自信心。

---

[1] 邱仲潘、叶文强、傅剑波、朱智杰编著,IT 企业文化,清华大学出版社,第 9 页。

[2] 特指因产品彰显了文化而获得的高额利润,并非指那些维持生存的收益。

表 3-4 企业文化六要素的作用

作 用	要　素					
	产品文化	企业使命	企业价值观	企业精神	企业愿景	企业理念
证明性	文化来源	存在合理	行为合理	优秀群体	有理想	敢作敢为
感知性	底蕴感	归属感	认同感	自豪感	方向感	自信心
利益性	预测发现需求	制定战略	指导考核下属	解决模糊争议	激励成员	提供工作思路
针对性	希望做什么	承诺做什么	约束怎么做	以何种心态做	做成什么样子	是怎么做到的

作为职场新人,进入一家企业,要认真考察这家企业的文化氛围。如果企业有提炼上述六要素,考察起来固然方便;如果没有,那得从企业的文化形式与传播方式上去观察。

文化的形式经常体现在规章制度、传统惯例、潜规则、企业行为、老板行为、员工行为、工作环境、员工风格、识别系统几方面。文化的传播一般体现在产品历史、创业发展史、模范人物,传播计划、渠道、方式与效果,其中效果就看企业内部形象如何。

基于一种入职选择,判断一个企业的文化好不好,其标准是相对的。你欣赏的就是好,你能忍受的就是一般,你不能接受的就是不好。但需要强调的是:这只是跟你的价值观适配的结果,对别人而言却不一定是这样。

2) 发展战略

企业文化与企业发展战略在顶层是重合的,即企业的使命愿景和价值观。企业发展战略还包括产品定位、企业定位、业务定位,由企业的资源储备、核心竞争力构成的经营模式,由企业的总体优势、分配机制构成的管理模式,以及战略目标、步骤和控制等要素。

企业发展战略与每一位员工的职业发展规划是密不可分的。企业文化解决的是企业为什么要做这个事业,想把这个事业做到什么程度,用什么态度来做这个事业,而企业发展战略则是告诉我们客户在哪里,市场有多大,我们有什么资源,我们要怎么占领市场。企业发展战略做到最后就是要落到企业发展目标上,这个目标通常是五年或十年规划,这个规划里面包含了员工发展规划。

了解了企业发展战略,尤其是其中对员工发展的规划,就可以与个人的职业发展规划进行对比,而且还能把企业的发展战略中的路径与你个人的发展路径进行对比。对比的结果就是职业选择的依据。

例如,某企业集团现在是做房地产销售,基于房地产的发展趋势考虑,企业决定逐步转型,五年后经营重心转为投行业务,这就是企业的战略。如果你的职业理想不是做投行,那么了解到这个信息对你的职业发展及选择就很关键了。

3) 人才梯队发展计划

所谓人才梯队建设,就是当现在的人才正在发挥作用时,未雨绸缪地培养该批人才的接班人,也就是做好人才储备,当这批人才变动后能及时补充上去和顶替上去,而这批接班人的接班人也在进行培训或锻炼,这样就形成了水平不同的人才,仿佛站在梯子上有高有低一样,形象地称为梯队,为的是避免人才断层。

人才梯队建设的本质是建立一套动态的、例行化运作的人才考察、选拔、培养、淘汰、使用机制。这五个组成部分是以人才梯队资源池为中心,其他四个组成部分围绕资源池运作的。"人才梯队资源池"就像一个鱼塘,"人才区分机制"就是选鱼苗入池,"人才培养机制"就像日常喂鱼,"人才选拔机制"就像从鱼塘中捞鱼,而"人才发展激励机制"主要是对鱼塘负责人的激励。

职务晋升是职业发展的重要途径。在不同的企业,晋升的方式和机制都不相同。

因此,对于晋升机会,采取主动还是被动的策略要依实际情况来定,但不管采取什么策略,尽早了解企业的人才梯队建设规划总是没错的,关注而不盲动,引而不发。

二、个人及家庭因素分析

1. 知识经验盘点及培训充电

1) 知识经验盘点

知识经验盘点来自于企业的"知识管理"这个概念。所谓知识管理,是指在组织中构建一个量化与质化的知识系统,让组织中的信息与知识,通过获得、创造、分享、整合、记录、存取、更新、创新等过程,不断地回馈到知识系统内,形成永不间断的累积。个人与组织的知识成为组织智慧的循环,使之成为管理与应用的智慧资本,有助于企业做出正确的决策和员工学习,以适应市场的变迁。

从小到大，我们学了很多知识和经验。一般来说，我们把知识叫间接经验，把经验叫直接经验。

企业的招聘岗位一般都有对知识经验的胜任要求。目前大多数企业通过学校与学历来判断应聘者的知识掌握情况。其中学校决定了学习氛围、师资水平、教育水平；学历决定了学习的广度与学习的深度(专业度)。

个人知识盘点是一件很不容易的事情，难就难在对知识进行分类。但是，如果针对企业来做这件事，也不会难到不可行。我们可以用罗列的办法来解决，如表3-5所示。

表 3-5　知识盘点表(范例)

知识类型	知识名称	有概念	有逻辑	有验证
科学知识	(1) 大学物理	√		
	(2) 黑格尔哲学	√	√	
	(3) 红楼梦	√		
	...			
业余爱好	(1) 摄影	√	√	√
	(2) 烹调	√	√	√
	(3) 唱歌	√		√
	...			

概念、逻辑与验证三要素用于检验对知识的掌握程度。其中，概念指知道这个事物(或事实)的名称代表的意思，例如你有看过四大名著。逻辑指对事物有较深入的研究，或发表了相关论文或著作。验证指对事物亲自试过了。

按这个方法可以对经验进行盘点，如表3-6所示。

2) 培训充电

教育与市场需求脱节引起众多大学生面临就业难，而职业学校的毕业生供不应求，甚至出现了大学毕业生又到职业学校学技能的现象。一些人才供大于求，另一些人才供小于求。这种劳动市场技术结构失衡所引起的失业在经济学中称为"结构性失业"。教育资源配置的失误是造成这个问题的主要因素。

表 3-6　经验盘点表(范例)

经验类型	经验名称	1 年	2 年	3 年以上
工作经验	(1) 某公司营销经理	√		
	(2) 某公司销售主管		√	
	(3) 某公司培训专员			√
	...			
生活经验	(1) 旅游			√
	(2) 恋爱	√		
	(3) 育儿		√	
	...			

　　大学内资源配置的失误,一是教学内容,二是教学方法。就教学内容而言,一个社会当然需要一些人从事自然科学和社会科学的纯理论研究,但社会的这种需求毕竟有限,这类专业扩张过快,学生太多,就业当然不容易。而且,许多高校这类专业的课程设置和教学内容不能与时俱进,与企业的实际需求相去甚远。此外,在教学方法上仍然以填鸭式、应试式教学为主,极大地限制了学生的创新思维。

　　作为即将毕业走向工作岗位的大学生,我们每一个人都要清醒地认识到这一点,千万别以为自己在学校学的那些知识在企业就好用、够用。随着时代的发展和企业用人标准的变化,越来越多的人感受到学习一技之长的重要,许多大学毕业生在毕业后深感能力不足,因而报考各种培训学校来为自己充电。某调查显示,有过利用课余和暑假时间充电的大学生占了 78%,从来没有进行过充电的大学生仅占 22%。

　　表 3-7 是某企业针对新入职大学生的培训课程清单,大家参考一下,看一下你在大学有没有关注这些知识与技能。

表 3-7   某企业针对新入职大学生的培训课程清单

课程类别	课程名称(部分)	适应对象
文化战略类	(1)产品与行业	高层管理人员
	(2)企业文化	
	(3)战略管理	
	(4)决策管理	
人力资源类	(5)组织发展管理	人力资源管理人员
	(6)招聘与培训管理	
	(7)薪酬与绩效管理	
	(8)劳动关系管理	
行政管理类	(9)工作计划总结管理	行政管理人员
	(10)文件管理	
	(11)会议管理	
	(12)公共关系管理	
	(13)后勤事务管理	
销售管理类	(14)市场管理	销售管理人员
	(15)客户管理	
	(16)销售管理	
	(17)销售人员管理	
生产管理类	(18)生产计划管理	生产管理人员
	(19)品质管理	
	(20)现场管理	
	(21)班组长管理	
物流管理类	(22)供应链管理	物流管理人员
	(23)供应商管理	
	(24)仓储管理	
	(25)运输管理	

续表

课程类别	课程名称(部分)	适应对象
财务管理类	(26) 预算管理	财务管理人员
	(27) 资产管理	
	(28) 成本管理	
	(29) 税务管理	
研发管理类	(30) 研发管理	研发管理人员
	(31) 项目管理	
	(32) 流程管理	
	(33) 风险管理	

2. 天赋与个性测评

1) 霍兰德 SDS 职业兴趣测试

霍兰德 SDS 职业兴趣测试由美国著名职业指导专家霍兰德(Holland)编制,在几十年间,经过一百多次大规模的实验研究,形成了人格类型与职业类型的学说和测验。该测验能帮助被试者发现和确定自己的职业兴趣和能力专长,从而科学地做出求职择业。霍兰德在其一系列关于人格与职业关系的假设的基础上,提出了六种基本的职业类型。

(1) 实际型(如一般劳工、技工、修理工等)和技术性职业(如摄影师、机械装配工等)。

(2) 研究型,其典型的职业包括科学研究人员、工程师等。

(3) 艺术型(如演员、导演)和文学方面的(如诗人、剧作家)。

(4) 社会型,其典型的职业包括教育工作者与社会工作者。

(5) 企业型,其典型的职业包括政府官员、企业领导等。

(6) 传统型,其典型的职业包括办公室人员、会计、打字员等。

霍兰德职业兴趣测试一般适用于高中生,通过此测试可以让高中生确定自己的兴趣爱好,给大学的专业选择提供参考。目前我国很多高中已经在实施霍兰德职业兴趣测试,这是好的开始。如果是大一、大二学生也可以参与测试,以便及时进行调整。

2) MBTI 职业性格测试

按照卡尔容格对于人的心理类型的基本划分,人群分别属于外向型 E 或内向型 I,前者倾向于在自我以外的外部世界发现意义,而后者则把相应的心理过程指向自身。接下来就是四种心理功能的划分,包括两种理性功能(思考 S 和情感 F)以及两种感知功能(实感 S 和直觉 N)。每个人都有自己的某一个主导类型,而圆满的状态则是这四种心理能力的齐头并进。

MBTI 职业性格测试是目前性格测试中最著名的,已经应用到全球五百强中的很多企业,中国企业有"宝钢""海尔"等大型公司,主要用于员工的性格确定,以便公司对员工进行有效的发展规划。此测试不适合高中生,主要是因为高中生在性格养成上还未完全确定。

3) 职业锚定位测评

职业锚理论产生于在职业生涯规划领域具有"教父"级地位的麻省理工学院斯隆商学院、美国著名的职业指导专家埃德加·H·施恩(Edgar. H. Schein)教授领导的专门研究小组,是在该学院毕业生的职业生涯研究中演绎成的。详细介绍见附录。

职业锚问卷是国外职业测评运用最广泛、最有效的工具之一。职业锚问卷是一种职业生涯规划咨询、自我了解的工具,能够协助组织或个人进行更理想的职业生涯发展规划。

职业锚主要用于在职员工,尤其是工作不足五年的员工,他们已经对自己的职业有所了解,处于职业转变期,需要在一次次的职业转变中找到真正属于自己的那份职业锚。员工可以使用职业锚测评对自我的定位有个真实的认识。"找到职业锚,做人生之舟的船长。"

4) 贝尔宾团队角色测试

剑桥产业培训研究部前主任贝尔宾博士和他的同事经过多年在澳洲和英国的研究与实践,提出了著名的贝尔宾团队角色理论,即一个结构合理的团队应该由八种角色组成,后来修订为九种角色。贝尔宾团队角色理论是高效的团队工作有赖于默契协作。贝尔宾博士将团队角色定义为个体在群体内的行为、贡献以及人际互动的倾向性。这九种团队角色分别如下。

(1) 智多星 PL(Plant)——智多星创造力强,充当创新者和发明者的角色。他们为团队的发展和完善出谋划策。通常他们更倾向于与其他团队成员保持距离,运用自己的想象力独立完成任务,标新立异。他们对于外界的批判和赞扬反应强烈,持保守态度。他们的想法总是很激进,并且可能会忽略实施的可能性。他们是独立的、聪明的、充满原创思想的,但是他们可能不善于与那些气场不同的人交流。

(2)外交家 RI(Resource Investigator)——外交家是热情的、行动力强的、外向的人。无论公司内外,他们都善于和人打交道。他们与生俱来是谈判的高手,并且善于挖掘新的机遇、发展人际关系。虽然他们并没有很多原创想法,但是在听取和发展别人想法的时候,外交家效率极高。他们善于发掘那些可以获得并利用的资源。由于他们性格开朗外向,所以无论到哪里都会受到热烈欢迎。外交家为人随和,好奇心强,乐于在任何新事物中寻找潜在的可能性。然而,如果没有他人的持续激励,他们的热情会很快消退。

(3)审议员 ME(Monitor Evaluator)——审议员是态度严肃的、谨慎理智的人,他们有着与生俱来对过分热情的免疫力。他们倾向于三思而后行,做决定较慢。通常他们非常具有批判性思维。他们善于在考虑周全之后做出明智的决定。具有审议员特征的人所做出的决定基本上是不会错的。

(4)协调者 CO(Co-Ordinator)——协调者最突出的特征就是他们能够凝聚团队的力量向共同的目标努力。成熟、值得信赖并且自信,都是他们的代名词。在人际交往中,他们能够很快识别对方的长处所在,并且通过知人善用来达成团队目标。虽然协调者并不需是团队中最聪明的成员,但是他们拥有远见卓识,并且能够获得团队成员的尊重。

(5)鞭策者 SH(Shaper)——鞭策者是充满干劲的、精力充沛的、渴望成就的人。通常,他们非常有进取心,性格外向,拥有强大驱动力。他们勇于挑战他人,并且关心最终是否胜利。他们喜欢领导并激励他人采取行动。在行动中如遇到困难,他们会积极找出解决办法。他们是顽强又自信的,在面对任何失望和挫折时,他们倾向于显示出强烈的情绪反应。鞭策者对人际不敏感,好争辩,可能缺少对人际交往的理解。这些特征决定了他们是团队中最具竞争性的角色。

(6)凝聚者 TW(Teamworker)——凝聚者是在团队中给予最大支持的成员。他们性格温和,擅长人际交往并关心他人。他们灵活性强,适应不同环境和人的能力非常强。凝聚者观察力强,善于交际。作为最佳倾听者的他们通常在团队中备受欢迎。他们在工作上非常敏感,但是在面对危机时往往优柔寡断。

(7)执行者 IMP(Implementer)——执行者是实用主义者,有强烈的自我控制力及纪律意识。他们偏好努力工作,并系统化地解决问题。执行者是典型的将自身利益、忠诚与团队紧密相连且较少关注个人诉求的角色。执行者或许会因缺乏主动而显得一板一眼。

(8) 完成者 CF(Completer Finisher)——完成者是坚持不懈的、注重细节的。他们不太会去做他们认为完成不了的任何事。他们由内部焦虑所激励,但表面看起来很从容。一般来说,大多数完成者都性格内向,并不太需要外部的激励或推动。他们无法容忍那些态度随意的人。完成者并不喜欢委派他人,而是更偏好自己来完成所有的任务。

(9) 专业师 SP(Specialist)——专业师是专注的,他们会为自己获得专业技能和知识而感到骄傲。他们首要专注于维持自己的专业度以及对专业知识的不断探究之上。然而,由于专业师们将绝大多数注意力都集中在自己的领域,因此他们对其他领域所知甚少。最终,他们成为只对专一领域有贡献的专家。但是很少有人能够一心一意钻研,或有成为一流专家的才能。

5) 基于婴儿期记忆的人才测评客观模型

本模型有以下特点。

(1) 客观性: 符合可重复、可验证、有一一对应关系的科学标准。以测评对象自己的记忆为依据,评价结果引发切身感受。

(2) 系统性: 与传统医学体系对应,与人体结构对应,与公众视角一致。个性分类涵盖 89 161 亿种,确保反映个体的差异。

(3) 可靠性: 可达到 90% 的可靠性,打破主观测评法的 70% 瓶颈。

基于婴儿期记忆的素质测评系统对人才的各个方面进行全面深入剖析,内容涵盖人才的生长背景、学习情况、阅历特点、天赋特长、个性特点、素质结构、价值取向、事业方向、适合职业、工作风格、协作风格、心理压力、心态评估等十多个关键素质指标,最终以软件的方式形成《人才使用说明书》,供人才个人"认识自我,把握人生",同时也让企业深刻了解人才,更好地使用人才。

3. 家庭背景对职业选择的影响

中国的学生获得文凭、学位的渠道虽然是通过统考的模式同平台竞争、择优录取,文凭作为就业的一个重要依据对于大学生就业的影响甚大。但就大学生而言,除个人资本与个人付出外,还有许许多多无形的因素在影响着个人就业的历程和发展。其中,家庭背景是不可回避的一个相关因素。

这里讲的家庭背景是一个相对广义的概念,特指包括亲戚在内的家族生活环境与文化传承方式。其中长辈(父母、祖父母、外祖父母)作为家庭环境的主要创设者对孩子产生的影响是深远的。他们的社会阶层及社会关系、职业成就和经济收入是影响孩子成长的物质环境,我们称之为家庭"硬环境";长辈受教育程度及其世界观、人生观与价值观是孩子成长的"精神环境",我们称之为家庭"软环境"。

1) 家庭硬环境

(1) 长辈的社会阶层及其人脉关系。

社会阶层的概念起源于西方,阶层理论认为理想的社会结构应为两头尖、中间宽的橄榄型,而非金字塔或哑铃型。人脉关系,指以自己为中心单位,向外围散射的人际利益关系网络。与一般的人际关系不同,人脉关系着重强调社交方面形成的人际关系网络。人脉关系中可以是亲人、兄弟或者一面之缘的朋友,它对人的关系并没有一定的限定。但是,人脉关系中每个人之间都有一定的利益联系,这是组成人脉关系的基本。

改革开放以后,中国社会阶层分化成国家与社会管理者,经理人员,私营企业主,专业技术人员,办事人员,个体工商户,商业服务业从业人员,产业工人,农业劳动者,无业、失业、半失业十个阶层。一直到20世纪末,中国社会结构开始发生新的变化,中产阶级成为曝光量最高的阶层词汇。这个阶层代表了中国社会的精英分子,他们处于金字塔的高端阶段,事业有成,生存状态良好,简单来讲,也就是高知、高收入、高品位。他们大多受过良好的教育,富有智慧,具备拼搏的精神和毅力,在各个领域里扮演着主流中坚的角色。

优势阶层子女在初入职时获得的优势主要表现在:一是在只有低教育程度的条件下,有更多的机会避免从事最低的非技术体力的工作;二是在拥有中等教育程度的条件下,有更多的机会进入专业技术等非体力阶层,或者很少掉到非技术体力这一城镇职业地位最低的阶层;三是高等教育尽管在录取上坚持分数面前人人平等,但这可能仅是表象上的平等,实际上有关家庭背景和城乡的社会分层导致的教育分层在基础教育阶段就已经逐步显现,并且通过高考成绩加以强化。

长辈所处的社会阶层以及围绕这个阶层形成的人脉关系对孩子的影响是全方位渗透式的,维持并向更高的阶层努力是长辈对晚辈潜移默化的要求。因此,这类家庭的孩子大部分从小接受的教育方向是能够继承父辈们的事业。总的趋势是：阶层越高,孩子的职业选择范围越小,自主性越弱;阶层越低,孩子的职业选择范围越宽,自主性也越强。

(2) 长辈的职业成就。

职业成就也叫职业成功,是人们对职业成果意义的认识和评价,它取决于人们自身的需要和愿望。在职业生涯发展的不同阶段,人们所面临的任务不同,其追求也不一样,对职业成就的评价也会有变化。在职业生涯的早期,养家糊口、成家立业都需要财力、物力,人们可能更注重财富标准;到了中期,人们可能会更关注职业发展的机会、家庭工作平衡、自我价值的实现;而到了晚期,临近退休,人们可能更强调安全、有保障。有人把职业成功的标准归纳以下九种。

① 财富标准:认为通过工作获得更多的经济回报,发财致富就是现代人的成功标志。

② 晋升标准:认为职业成功就是晋升到组织等级体系高层或者在专业上达到更高等级。

③ 安全标准:渴望长时间的稳定工作,以获得职业上的安全。

④ 自主标准:强调职业成功就是在工作中自主自由,对职业和工作有最大限度的控制权。

⑤ 创新标准:标新立异,做出别人没有做出的事情。

⑥ 平衡标准:在工作、人际关系和自我发展三者之间保持有意义的平衡。

⑦ 贡献标准:对社会、组织、家庭做出贡献。

⑧ 影响力标准:在组织中、行业内、社会上有足够的影响力,能够改变他人的心理和行为。

⑨ 健康标准:在繁重工作的压力下依然保持身心健康。

判断职业是否有成就的原则:在这个职业领域是否有创新且被社会所认可。财富、晋升、贡献、影响力这些要素自然会跟随过来,安全、自主、健康则属于个性化的子标准。

长辈的职业成就对晚辈的职业发展有着强烈的示范作用。在这样的家庭中,成为某个职业领域的专家似乎是毋庸置疑的。

(3) 父母的经济收入。

我们经常可以看见这样的情况:一些大学生由于经济拮据,又不想再拖累父母,于是饥不择食地随便加入了一家向他伸出橄榄枝的企业。而最后的结果证明他当初的选择过于草率了。

在人力资本投资收益—风险的职业价值函数中,存在一个基本假定,即毕业生对择业持绝对风险规避的态度,但这一假设忽略了家庭经济状况对毕业生择业行为的影响。在职业选择的实际中,家庭经济状况不同的毕业生对待职业风险的态度不同。通过某项调查发现,父母收入偏低的毕业生倾向于收入一般、风险较小的职业选择,如党政机关、学校、科研部门等。而父母收入较高的毕业生在择业中更倾向于"外企""高新技术企业"等相对收入较高、风险较大的职业。这表明递减的绝对风险规避的心态更接近毕业生的择业实际,即大学生择业时随着家庭财富的增多,可能选择更具风险性的职业。

在考虑家庭背景情况时,我们需要知道:家庭背景尤其是父母的经济收入对于大学生就业的影响导致了不良的示范效应产生,使得不公平的现象得到不断恶性循环。

家庭经济条件好、父母收入高并不代表你在择业过程拥有太大的优势,最多是在试用期工资较低的时候,你的生活过得比别人滋润一点。正确的做法是把多余的收入最大限度地用于学习和创新而不是享受。

2)家庭软环境

一般而言,父母的受教育水平越高,其对子女的教育期望也越高,在支持子女受教育方面具有更高的积极性。文化水平较高的父母在子女的学习过程中能够给予更多的帮助指导。而未受过教育或受教育程度较低的父母,对教育与个体发展的关系缺乏认识,对子女接受教育体现出较少的积极性,因此对子女学习提供的支持很少甚至不支持。

另外一个重要的因素是父母(长辈)的"三观"(世界观、人生观与价值观),这对孩子学习与择业的影响也是巨大的。例如:

父母如果认为世界是无限的,那么他们就有可能认为人类的探索活动是无意义的,自然导致对学习、创新活动的轻视。这种世界观实际上就是在暗示孩子:"工作不要太累,事业不要太拼。"

父母如果认为人生是没有使命的,那么他们就有可能认为自己舒服(他们定义的幸福)过一生才是最重要的。这样的人生观就有可能导致"要么为所欲为,要么无所事事"。

三、职业选择的基本策略与主要方法

1. 基本策略

职业选择的策略概括起来主要是回答三个问题:想做什么,能做什么,可做什么?

1) 想做什么——方向明确,定位准确

关于这个问题,我们在本书的前两章已经有一些阐述。

首先,我们要彻底搞清楚这里的"想做什么"中"想"的含义,这个"想"指的是发自内心的愿望,即心愿,而不是大脑级别的随便一个想法。例如两个歌手,一个是天生一副好嗓子,另外一个是训练出来的好声音。前者就是天生的禀赋,发出的愿望来自潜意识,是一种热爱,所以叫心愿;后者是大脑的想法,因为是从外界获得了某种信息,觉得唱歌不错,于是就练习了,是一种喜欢,所以也叫兴趣。

其次,天赋与心愿两者之间互为体用关系。天赋是体,心愿是用。因为长出了这样的天赋,所以才有相应的心愿。因此,知道了自己内心的愿望,就知道了自己的天赋,反之亦然。如果你实在不知道自己的心愿是什么,也不知道自己的天赋是什么,那么就需要借助一些工具对自己的天赋进行测评。

再次,知道了自己的天赋或心愿就知道自己想做什么了。我们可以把所有的职业及其素质要求列出来,再根据天赋特点进行匹配,就能方便地确定自己的事业方向和职业定位。当然,因为每个人的优势天赋和优势性格不止一个,从事某个职业所需要的素质要求也不是单纯的,因此需要对它们进行排列组合,找到多种因素的交集。

不同的优势天赋、个性与事业和职业的关系参考表 3-8。

表 3-8 不同的优势天赋、个性与事业和职业的关系

项　　目	天赋个性	事业方向	部分代表职业
优势天赋	视觉	艺术人生	书画家、鉴赏家、导演
	听觉	止于至善	音乐家、调琴师、学者
	嗅觉	探索精神	探险家、资本家、刑警
	舌觉	欢乐无限	演说家、美食家、歌手
	触觉	实干精神	武术家、舞蹈家、工匠
	意觉	智慧圆融	哲学家、数学家、谋士

续表

项　　目	天赋个性	事业方向	部分代表职业
优势个性	喜乐	快乐趣味	外交官、幼师、演员
	气怒	公正尊严	审计师、法官、军人
	忧愁	合理分享	预算师、研究员、参谋
	惊怕	认真负责	会计师、设计师、医生
	恐惧	安全稳定	检察官、官员、翻译
	悲伤	同情关怀	咨询师、医护师、律师

2）能做什么——发挥能力，兼顾兴趣

在日常生活中，我们能做的事很多，很多事即使不是优势天赋或不感兴趣也能做，甚至还能做好。但是，在职业领域，建议做自己天赋内的事情，同时兼顾兴趣的发展。

（1）做天赋内的事情。

首先，做天赋内的事情特别安心，"天生我材必有用"，顺应天赋，就有一种做了本分的感觉；其次，做天赋内的事情特别轻松，因为这是你的领域，做起来自然顺风顺水；再次，做天赋内的事情特别容易成功，经常有"如有神助"般的良好效果。

研究表明：在12项天赋个性素质中，每个人都拥有两项优势天赋和两项优势情绪（个性）。优势天赋决定了人的最主要能力和特长，因而容易在需要这些天赋的领域取得成就。等级排在最后的天赋是一个人的能力薄弱项，当需要用该项能力时，最容易出错和被他人批评。认识自己的薄弱能力，需要用该项能力时可以适当借助于他人。

（2）兼顾兴趣的发展。

兴趣往往不是优势天赋或个性。兴趣的产生也不是无缘无故的，它是内心的追求与外界的信息共振的结果。

研究表明：在六项天赋和六项性格中，各有两项属于兴趣，其中一项特别突出，这就是平时我们对某件事特别感兴趣的内因。例如某人喜欢滑旱冰，尽管多次摔倒，还是乐此不疲，问他为什么，他就会说是感兴趣，这种情况就是指他的触觉是弱的，想通过训练变为强的。

兼顾兴趣的发展,实质上是一种修身养性的内在需求,即使在职业领域,拥有一至两样兴趣也非常重要,这种重要性体现在不仅可以辅助天赋的发挥,还可以由此扩大社交圈子,扩展群体人格。

3)可做什么——巧用资源,因势利导

这里讲的资源,特指个人在职业选择过程中所拥有并可利用的财力、物力、人力、关系(信息)等各种物质要素的总称,如图 3-4 所示。

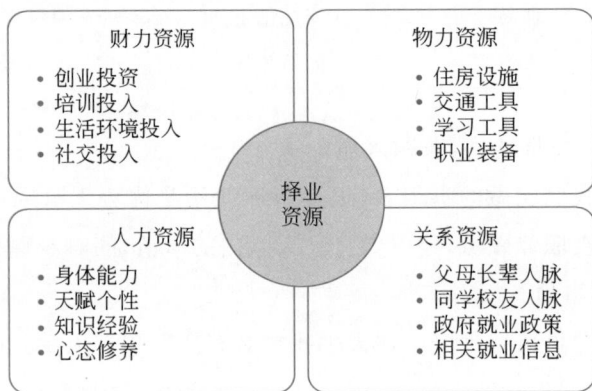

图 3-4　择业资源分类图

资源如果能为你所用,那么它就是你的一种能力,即使这些资源并不是你亲自创造出来的,存在必然有其道理。因此,我们在使用这些资源的时候,并不需要不好意思,因为我们使用这些资源是为了更好地做事业。

资源就是要被利用的。善待资源,善用资源,是我们对待资源的基本态度。对身边的资源因势利导,是我们在择业过程中需要秉持的策略之一。这一策略的关键在于"势"和"利"。其中,"势"指趋势,意思是要擅于把握趋势。例如未雨绸缪,对未来有可能成为发展机会的事业进行先期的培训投资。"利"指价值,而判断行为有没有价值,完全取决于对社会、对别人有没有利。

2. 主要方法

1)要素交集法

要素交集法,就是分别把职业理想、个人素质与外部条件所罗列出来的关键要素进行分析进而得出职业选择的结论,如图 3-5 所示。

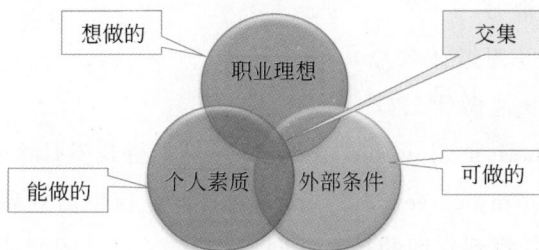

图 3-5　要素交集法

应用举例如表 3-9 所示。

表 3-9　要素交集法应用举例

类别	要　　素	分析结论	符合度
职业理想	事业方向	教育	交集
	职业定位	中学语文教师	
个人素质	优势天赋	理解能力、表达能力	高
	优势个性	爱心、同情心	高
	所学知识	中文师范类硕士毕业	高
	相关经验	在某中学实习半年	高
外部条件	家庭教养背景	属于"书香门第"	高
	家庭经济条件	能够支持全部学业完成	高
	主要社会关系	有收到某中学招聘邀约	高
	相关就业政策	政府有扶持政策	高
	薪资收入	与社会平均工资持平	低
	工作地区	属于二三线城市	中

要素交集法跟 5W 法有相似之处。

5W 法是许多职业咨询机构和心理学专家进行职业咨询和规划时经常采用的方法。

这个方法就是成功回答五个问题,你就会有最后的答案了。5W 法如下。

Who am I?（我是谁?）

What will I do?（我想做什么?）

What can I do?（我能做什么?）

What does the situation allow me to do?（环境支持我做什么?）

What is the plan of my career and life?（我的职业与生活规划是什么?）

回答了这五个问题,找到它们的最高共同点,就有了自己的职业生涯规划。

这个方法的唯一不足是前面三个问题不好回答,即使回答也不方便确认是不是具有根本性。

2）决策平衡单

我们把传统的“决策平衡单”结合马斯洛需求层次理论,做了一个创新。

马斯洛需求层次理论是人本主义科学的理论之一,由美国心理学家马斯洛于 1943 年在论文《人类激励理论》中提出。文中将人类需求像阶梯一样从低到高按层次分为五种,分别是生理需求、安全需求、社交需求、尊重需求和自我实现需求。

传统的决策平衡单常用于对多个选择进行评估。它将主要决策集中在四个方向上：个人物质方面的得失,他人物质方面的得失,个人精神方面的得失,他人精神方面的得失。

创新后如表 3-10 所示,说明如下。

表 3-10　职业选择要素加权比较表

考虑方向	比重	考 虑 要 素	加权	职业 1	职业 2	职业 3
基本身心需求		（1）工作地点、工作环境				
		（2）工作时间、休假时间				
		（3）工作强度、质量要求				
		（4）薪酬待遇、生活便利				

续表

考虑方向	比重	考虑要素	加权	职业1	职业2	职业3
人际交往需求		（5）社会环境、城市氛围				
		（6）企业文化、人际关系				
		（7）家族期望、父母期望				
		（8）圈子状况、交友机会				
群体尊重需求		（9）创新环境与氛围				
		（10）创新资源与条件				
		（11）创新机制与机会				
		（12）创新成果与转化				
自我实现需求		（13）成为门人（初级职称）				
		（14）成为达人（中级职称）				
		（15）成为专家（高级职称）				
		（16）成为大师				
合计	100					

（1）四个考虑方向代表不同层次的需求，自上而下分别对应心理学所指的原子人格、人类人格、群体人格、自我人格。每个考虑方向包括四个关键考虑要素，共16个要素。

（2）"比重"根据对该大项的重要性由自己独立判断并给出，四个大项合计为100分。

（3）"加权"根据对该大项和小项的重要性由自己独立判断并给出，四个小项合计等于该大项比重分值。

（4）给不同职业的不同要素进行打分，可以得出对该职业的满意度。各职业的合计总分应小于或等于满分值（100分）。

3）SWOT分析法

SWOT分析法是用来确定企业自身的竞争优势、竞争劣势、机会和威胁，从而将公司的战略与公司内部资源、外部环境有机地结合起来的一种科学的分析方法。

在这一框架中，S、W代表内部因素，O、T代表外部因素。按照企业竞争战略的完整概念,战略应是一个企业"能够做的"(组织的强项和弱项)和"可能做的"(环境的机会和威胁)之间的有机组合。如果将求职中的学生比喻为在市场上面对竞争的企业,大家就会发现,SWOT分析法可以完全适用于求职者。

(1) 优势(Strengths)与劣势(Weaknesses)。

优势与劣势是你在财力、物力、人力、关系四大类资源(详见表3-4)方面与社会平均对比的结果,重点在于表述个人的能力,包括知识经验优势、天赋个性优势、愿望心态方面的优势。

(2) 机会(Opportunities)与威胁(Threats)。

机会要从以下三方面去找。

① 国内外经济与政策环境。

② 行业与职业发展趋势。

③ 企业及招聘岗位。

威胁来自以下方面。

① 人才市场的变数。

② 企业发展的变数。

③ 个人知识、经验与修养的滞后。

④ 家庭和身体健康的变数。

⑤ 其他不稳定因素的变数。

SWOT分析有四种不同类型的组合:优势—机会(SO)组合、劣势—机会(WO)组合、优势—威胁(ST)组合、劣势—威胁(WT)组合,如表3-11所示。

表3-11　职业选择SWOT分析

内部环境(SW)	外部环境(OT)	
	机会(O)	威胁(T)
	(1) 可作为人才引进并享受相关待遇 (2) 听说企业要转型,搞"互联网+" (3) 企业集团要设立子公司做猎头 (4) 企业内部晋升和轮岗机会很多	(1) 竞争对手专业和能力符合度更高 (2) 企业转型可能失败 (3) 本岗位可能没有创业机会

续表

优势(S)	优势—机会(SO)	优势—威胁(ST)
(1) 家庭经济条件好 (2) 职业装备齐全 (3) 有三家关系单位 (4) 政府有政策支持 (5) 知识面广 (6) 有实习经验 (7) 探索能力强 (8) 表达能力强 (9) 亲和力好 (10) 事业心强	(1) 作为人才进入该企业就能享受相关政策及其待遇 (2) 企业转型后会产生很多工作机会 (3) 有计划成为猎头公司的总经理或股东,实现创业梦想	(1) 利用现有优势进行学习,积累 HR 专业知识与经验 (2) 利用现有关系着手准备第二职业 (3) 利用现有资源积累创业知识
(1) 专业不对口 (2) 无工作经验 (3) 理解能力弱 (4) 逻辑能力弱 (5) 公平意识弱 (6) 同情意识弱 (7) 不想当专家 (8) 想自己创业	(1) 公司转型或成立新公司,需要更多的开拓型人才,而不是技术权威 (2) 即使不能调换岗位,也可以凭自己的天赋特点,在 HR 职系中成为一名招聘经理和培训师	(1) 安心学习,隐忍不发 (2) 加强修养,超越自我

(1) 优势—机会(SO)战略是一种发展内部优势与利用外部机会的战略,是一种理想的战略模式。

(2) 劣势—机会(WO)战略是利用外部机会来弥补内部弱点,使自己改劣势而获取优势的战略。

(3) 优势—威胁(ST)战略是指利用自身优势,回避或减轻外部威胁所造成的影响。

(4) 劣势—威胁(WT)战略是一种旨在减少自身劣势,回避外部环境威胁的防御性技术。

第三节 职业发展规划

一、规划的原则

规划,意思就是个人或组织制订的比较全面长远的发展计划,是对未来整体性、长期性、基本性问题的思考和预测,包括设计未来发展的整套行动方案。

规划与计划基本相似,不同之处在于:规划具有长远性、系统性、战略性、方向性、概括性和激励性。

职业规划是对职业生涯进行持续的、系统的计划过程,它包括自我认知、职业定位、目标设定和通道设计多个要素。职业规划是一个动态的、持续的过程,每个人要根据环境的变化不断调整自我规划,最终实现自我价值。

成功的职业规划一般要遵循以下三大原则。

1. 定位明确

职业定位是职业生涯规划的起点和前提条件,有了明确的定位,才有可能进行规划。职业定位包括三方面的内容:事业定位、自我能力定位和条件定位,即能够清晰地回答"想做什么、能做什么、可做什么"这三个问题。

要确定"想做什么、能做什么、可做什么",关键是要把这三者同时放在一个整体中来分析,最后才能提取其交集部分形成答案。

首先是思考想做什么。

想做什么不能停留在一个简单的想法层面,必须结合社会需要什么和自己渴望做什么这两个因素。单考虑社会需要什么,就可能导致自己做得不开心;单考虑自己渴望做什么,就可能导致与社会脱节,以致不能获得社会的认可而做不下去。以上两个因素都考虑合适了,还要把可做什么即条件因素考虑进来。社会需求大,自己又能做,如果没有可做的条件,那么一切都是白搭。因此,要确定"想做什么"必须同时考虑三个因素,缺一不可。

其次是思考能做什么。

能做什么是一个内省的过程,与外界因素关系不大。事实上,"天生我材必有用",你是英雄,总是能够找到"用武之地"的。

要确定自己的能力,除在实践中总结之外,比较快得到答案的途径是进行素质测评。素质包括先天产生的能力和性格(其中性格也可以理解为能力的一种,叫影响力)。测评有自我评估和专家评估两种,自我评估采用排序法,就是在准确理解天赋六要素和情绪六要素内涵的基础上,分别对它们进行排序。专家评估法是向专家提供自己三条以上的婴儿期记忆,由专家从这些记忆中提取潜意识信息进行评估。

评估的结果可以得到自己天赋个性的结构及其特点,包括优势天赋及其代表的能力和主导情绪代表的影响力。大量案例表明:这些结果足以满足职业定位中自我认知的要求。

再次是思考可做什么。

可做什么指的是职业定位过程中的条件因素,这里的因素也包括内外两个方面,内部因素主要指生理因素和心理因素,外部因素包括财力、物力和关系(信息)等因素。其中,生理因素主要指身体素质,包括身高、体重、外貌、健康状况等指标,心理因素包括习性特点、情绪模式、心理压力等指标。

以上这些条件因素相对职业定位的其他两个因素来说,几乎就是硬指标。面对这些指标对职业发展的限制,必须以"这才正常"的良好心态加以对待。

明确定位的结果应该得到三个结论:①我的事业方向;②我的职业类型;③我的岗位名称。其中,事业是个大范畴,只能是方向性的,不能太具体,例如航天事业、教育事业、慈善事业等。职业是一个中等范畴的概念,既不能像事业那么抽象,也不能像岗位这般具体,例如军人、律师、医生、职业经理人等。岗位就比较具体了,例如某公司的研发工程师、客户经理、培训专员、车间主任等。

2. 方案可行

我们做职业发展规划,除定位明确外,最重要的莫过于规划本身具有可行性。

职业发展规划的可行性包括目标合理、逻辑合理、条件合理、操作合理四方面。

(1)目标合理。目标的合理性我们可以应用"SMART 原则":具体的(Specific)、可以衡量的(Measurable)、可以达到的(Attainable)、与其他目标具有一定的相关性(Relevant)、具有明确的截止期限(Time-bound)。例如,三年内成为这个部门的经理这个阶段性的目标。其中,经理是具体的岗位名称,经理的职责是明确(可衡量)的,每年晋升一级是可以达到的,该目标与未来的职业发展目标,有密切的相关性,具有三年的明确期限。

(2)逻辑合理。逻辑的合理性是证明本职业发展目标可以实现的理论依据,没有因果逻辑支撑的目标是不可信的,不仅别人不信,连自己都不会相信。人的行为是受大脑指令控制的,我们要做一番事业,这种行为也必须有理由,这个理由就是行为的因。例如,你认为这个事业特别有意义,而有意义这个因也是有更深层次原因的,例如社会需要,也符合自己的使命。这些因还不止是一条逻辑链,还有其他逻辑链,如现实条件等。

(3)条件合理。条件的合理性是对客观现实的重视与理解。不管现实条件去追求自己的职业目标是一种幼稚的行为,这种行为本质就是自私。所以我们必须把现实条件一一罗列出来,同时客观地看待和评估。有些大学生不能正确对待这个问题,为了实现自己的职业理想,向父母提出脱离家庭实际支付能力的要求,一次没有满足就恶言相向,而父母则含辛茹苦、省吃俭用来满足子女的需求,如果是这样,所谓的职业生涯规划还是不要设计罢了。

(4)操作合理。操作的合理性指的是职业发展规划具有强的可操作性。通常判断一个规划是否具有较好的操作性,就是向第三者描述,如果对方表示理解,并知道该如何去执行,那么这个方案往往是个比较好的、具体可行的方案。我们做职业规划,必须是认真的,考虑必须周详,如果连自己看着都觉得不靠谱,那纯粹就是为了做规划而做规划,自欺欺人而已。

3. 发展可塑

事物总是在变化的,世界上很难找到一成不变的东西。职业发展规划做出来,是要允许进行修正或调整补充的。

首先是外部环境在变,随着互联网时代的到来,很多传统职业都在发生变化,之前热门的职业可能会变得冷门。对于一个没有发展前途的职业,我们要毅然选择放弃,重新选择同类或近似的职业,不可以"吊死在一棵树上"。随着国家经济的宏观调整,大学生就业的优惠政策也会陆续出台,如果这些政策正好有利于你的职业发展,放弃去沿海工作,而去西部发展也是可以重点考虑的。

其次是内在素质在变。随着年龄的增长,知识的积累、经验的增多也与日俱增;随着思维方式的改变,自己的天赋个性有可能不再局限于固定的模式,那时,在使命感的支撑下,即使是弱势能力也能发挥出极佳的效果。

再次是随着修养的提高,自己的心态也会发生改变,"心态决定一切",心态变了,思想也会发生改变,思想变了,行为自然也会发生改变。我们要做的事就是及时或定期总结这些变化,同时提取其中的新数据,更新你的规划。

二、目标制定及计划实施

目标制定及相应计划的实施是职业发展规划落地的关键。

职业发展规划不是职业生涯规划,生涯规划要规划到退休,而职业发展规划一般指前十年的规划。起步阶段设近期目标,规划时间为前三年。稳固阶段设中期目标,规划时间为第四年至第六年。发展阶段设长期目标,规划时间是第七年至第十年。

职业发展规划中的任何一个目标都必须与大目标保持一致。近期目标是中期目标和长期目标的一部分,也是中期目标的具体分解。中期目标是长期目标的一部分,是长期目标的分解。按照目标管理的原则,中长期目标在短期目标到达之前,就要开始"滚动发展",进一步分解成为新的短期目标和中期目标,使之具有可行性。

因此,我们还要了解目标的分解与组合相关知识。职业生涯目标的分解比较好理解,就是把职业生涯(40年)总目标分解为四个十年,再把每个十年分解为一年,再把一年分解为四个季度或12个月。再分解下去就是每周和每天的计划了。

目标组合是处理不同职业规划目标之间相互关系的有效措施。职业规划各目标之间存在一定排斥性,使我们只能在不同目标当中做出选择。但是,不同目标之间还具有因果关系与互补性,我们可以积极地进行不同目标的组合,达到职业生涯和谐发展。职业规划目标组合有三种方法:功能组合、时间组合和全方位组合。

首先是功能组合。功能组合分因果关系和互补关系两方面。其中,因果组合的意思是每一个因果前后还有因果,即这个因是上一个因的果,这个果又是下一个果的因。例如,能力与晋升这一对因果关系,能力的提升既是晋升的因,又是学习的果;晋升是能力提升的果,同时也是地位增加或收入增加的因。互补关系指两个目标之间存在直接或间接的互补作用。例如,获得中级职称和获得经理职位这两个目标之间就有直接的互补作用,而学习心理学与成为大师之间是间接的互补作用。

其次是时间组合。时间组合存在并进和连续的特点。并进就是完成目标可以齐头并进。只要是符合或有利于总目标的实现,充分利用时间多学一点都是可以的。连续性有些刻板,属于直线思维,意思是实现一个目标后,再去实现下一个目标。

再次是全方位组合。全方位组合是把整个人生进行通盘考虑,不但要考虑职业发展,还要考虑家庭、亲朋好友和个人兴趣爱好,以及退休以后的生活。全方位组合已经超出了职业发展规划的范畴,它涵盖了生涯全部活动。

职业发展的本质是职业能力的发展及由其带来的反映其社会地位(职位、职称)的变化。因此,职业发展规划的目标最少应该包括这两个方面,必要的时候,还要把在职业发展过程中的人生修养目标包括进来,这才形成完整意义上的职业生涯规划。

有了具体而明确的目标(去哪里),我们就可以针对这些目标制订行动计划了(什么时候去),进而又可以针对每项计划的特点制定相应的对策(如何去)。

1. 近期目标及实施策略

职业发展规划的近期目标指最初一至三年的目标。在这个阶段,从业者将作为"菜鸟"初入职场,一般都要经过一至二年的熟悉,直到第三年才能摆脱稚嫩形象,变成职场"老手",达成初级职称水平。

我们首先要做的是把这三年的目标做出进一步分解,把它们分解到每一年。如果更认真一点,还需结合岗位的工作,把第一年的目标分解到每个季度或每个月。例如:

(1) 某新员工前三年的职业发展计划如表 3-12 所示。

表 3-12   某新员工前三年的职业发展计划

时间	职称	职位	职位目标释义(成功标准)	关键策略
第一年	行业初级职称	专员	全面熟悉本职工作,做到无须指导,能独立工作	谦虚
第二年		主管	完全掌握本职工作,并能适当创新,具有初步教导的能力	创新
第三年		经理	全面熟悉本部门的工作,能够带领部属示范完成绩效目标	自信

(2) 某新员工第一年的职业发展计划如表 3-13 所示。

表 3-13　某新员工第一年的职业发展计划

时间	目标	目标释义(成功标准)	关键策略
一季度	培训好评	完成培训任务,各种培训考核达到优秀	认真
二季度	主管好评	业务工作上手快,与同事的人际关系和谐	勤奋
三季度	经理好评	完成工作不仅快,而且有一定质量	研究
四季度	公司好评	本职岗位业务熟悉程度达到老员工水平,完全能独当一面	完善

2. 中期目标及实施策略

职业发展规划的中期目标指第四年至第六年的目标。这个阶段职业发展的特点是对本职业有相当深入的了解,具有中级职称水平。这个阶段的规划可以分解到每年,不要求分解到季度。例如,某员工职业发展中期计划如表 3-14 所示。

表 3-14　某员工职业发展中期计划

时间	职称	职位	职位目标释义(成功标准)	关键策略
第四年	行业中级职称	经理	全面了解部门业务特点,能身先士卒,带领部属完成绩效目标	示范
第五年		经理	具有一定的领导能力,了解部属特质,能引导部属完成绩效目标	引导
第六年		总监	擅于分配绩效指标并指导各部门完成工作任务	指导

从表 3-14 不难看出,本规划留下了足够的弹性以应对环境的变化。即第三年因为机会或其他原因不能晋升为经理,那就顺势调整到第四年。第六年的总监也是如此。通常在一个企业里面,在经理或总监职位上干上几年再晋升是再正常不过的。

3. 长期目标及实施策略

职业发展规划的长期目标指第七年至第十年的目标。

这个阶段职业发展的特点是对本职业有相当深入的了解,具有高级职称水平。这个阶段的规划可以分解到每年,也不要求分解到季度。例如,某员工职业发展长期计划如表 3-15 所示。

上面的例子是十年的职业发展规划,这是一个十分顺利、理想的发展计划,职能作为例子供同学们参考。实际上,大部分人很难在十年内做到一个公司的总经理,并获得高级职称。对此,我们可以根据外部环境和自身条件酌情规划。

表 3-15　某员工职业发展长期计划

时间	职称	职位	职位目标释义(成功标准)	关键策略
第七年		总监	全面理解本职业的特点,能结合公司业务大胆创新	开创
第八年	行业高级职称	副总经理	具有优秀的领导能力,知人善任,能领导部属超额完成绩效目标	贡献
第九年		副总经理	全面理解公司战略意图,熟悉分管部门的业务,能够培养部属成才	沉淀
第十年		总经理	全面理解公司的文化特点和战略思路,并能据此制定相应策略	爆发

另外,一个人的职业生涯不可能只有十年。从大学毕业后第一年开始计算,到 60 岁或 65 岁退休,有 40 年左右的职业生涯。因此,我们的职业生涯规划应该做到退休。

例如,表 3-16 所示为职业生涯规划案例。

表 3-16　职业生涯规划案例

时　间	年龄	社会地位	目标释义(成功标准)	关键策略
第一个十年	23～32 岁	行家	成为这个职业的猎头级人才	学习
第二个十年	33～42 岁	专家	成为这个行业的专家级人才	创新
第三个十年	43～52 岁	老师	成为这个领域的老师级人才	教导
第四个十年	53～62 岁	大师	成为这个社会的导师级人才	引导

三、规划书的制作

1. 规划的内容

规划书的二级目录如下。

第一部分: 我的事业与职业

• 人生观与价值观

• 事业愿景与方向

• 职业理想与总目标

第二部分: 外部环境分析

- 政治经济环境
- 相关就业政策
- 行业发展趋势
- 职业发展状况
- 应聘企业的经营管理状况

第三部分：自身素质分析

- 我的职业态度
- 知识经验盘点
- 天赋个性测评结果
- 职业（岗位）胜任符合程度

第四部分：现有资源分析

- 家庭经济条件
- 现有人脉关系
- 父母与家族的期望
- 恋爱婚姻家庭设想

第五部分：SWOT 分析与决策

- 优势、劣势、机会与威胁
- SWOT 组合对策
- 决策平衡单

第六部分：职业发展目标与策略

- 职业生涯目标与战略
- 十年职业发展目标与策略
- 近期（三年）职业发展目标与策略
- 第一年职业发展计划与策略

第七部分：策略调整与计划修订

- 内外部变化的因素分析
- 基于变化的策略调整

- 规划书的修订与更新

2. 规划书的版式

版式即版面格式,具体指的是开本、版心和页边距,正文的字体、字号、排版形式,字数、排列地位,目录、标题、注释、表格、图名、图注、标点符号、书眉、页码以及版面装饰等项的排法。版式设计是指在既定开本的基础上,对平面设计刊物原稿的体例、结构、标题的层次和图表、注释等进行艺术的科学设计。

一个完整的职业生涯规划书一定是一篇长文档,对于长文档的编辑与排版是有一定标准的,目标就是适合读者的阅读习惯和审美要求。这里选择文本图表混排式给大家参考。

1) 开本规格与页面设置

开本指书刊幅面的规格大小,即一张全开的印刷用纸裁切成多少页。常见的有32开(多用于一般书籍)、16开(多用于杂志)、64开(多用于中小型字典、连环画)。A4复印纸的规格属于国际标准(ISO 2016),叫大16开,即210 mm×297 mm。职业生涯规划书跟其他常用文书一样,大多采用这个规格。

页面设置主要指纸张方向和页边距。职业生涯规划书按阅读习惯一般是纵向排版。页边距如果不考虑装订可以选择上下左右各3 cm,如果考虑装订,则左侧要多留0.5 cm。

规划书一般采用单面打印,以左侧"圈装"或"小册子"方式装订。

2) 封面、标题与目录

正式一点的规划书一般加一个封面。封面可采用250 g铜版纸彩色打印或采用有底色的皮纹纸打印。

封面上的标题分大标题和副标题,大标题写"职业生涯规划",副标题可以写"姓名+时间跨度+职业发展规划书",大标题字号一般占据纸张一半的宽度,副标题放在大标题的下面,其宽度与大标题左右对齐,比较美观。

规划书的目录安排在正文第一页。目录的级别为一或二级就好,字号不宜过大,依据目录的多少选择小四号或四号字。目录页要单独安排为一页,内容上下左右居中安排,也可在左侧加些简洁装饰。

3) 字体、字号、段间距与行间距

正文中的一级标题字号可选择三号、黑体或宋体加粗。二级以下标题字号可选择四号或小四号,一般是小四号,内容较多时可以选择五号,字体与正文保持一致,宋体或仿宋体加粗。正文根据内容的多少一般选择四号至五号的宋体或仿宋体。

段间距一般在 12 磅以上,行间距选择 1 倍或 1.15 倍比较恰当。为了阅读更舒服,每个大标题的段前距最好加大到 36 磅。

4）图文表格的插入

图文表格的插入可以让文本看起来更加生动美观。插入图片和表格时要注意图表与文本保持一点距离,不要紧贴上下文。图表的大小要跟文本相适应,太大和太小都不合适,最好不要超过页面左右边距。

另外,图表的文字环绕方式最好是选择嵌入型。图表下面要加有标注,如"表 1-2　职业生涯规划""图 2-1　就业形势曲线图"。

5）页眉与页码

给文档加上页眉页脚或页码可以让文本看上去比较正规。页眉通常显示文档的附加信息,常用来插入时间、日期、页码、单位名称、徽标等。其中,页眉在页面的顶部,页脚在页面的底部。页脚也用作提示信息,特别是其中插入的页码,通过这种方式能够快速通过目录定位所要查找的页面。

案例 3-4

职业规划范例三篇

范例一①（文本式）：

××大学毕业后的十年职业规划

（2021—2031 年,20 岁至 30 岁）

一、愿景与目标

- 美好愿望：事业有成,家庭幸福。
- 方向：企业高级管理人员。

---

① 散文网。

- 总体目标：完成硕士、博士的学习，进入××著名外资企业，成为高层管理者。
- 目前情况：读完硕士，进入一家外资企业，想继续攻读博士学位。

二、社会环境规划和职业分析

1. 社会一般环境

中国政治稳定，经济持续发展。在全球经济一体化环境中占据重要地位。经济发展有强劲的势头，加入WTO后，有大批的外国企业进入中国市场，中国的企业也在走出国门。

2. 管理职业特殊社会环境

由于中国的管理科学发展较晚，管理知识大部分源于国外，中国的企业管理还有许多不完善的地方。中国急需管理人才，尤其是经过系统培训的高级管理人才。因此企业管理职业市场广阔。要在中国发展企业，必须要适合中国国情，这就要求管理的科学性、艺术性和环境动态适应相结合。因此，受中国市场吸引进入的大批外资企业都面临着本土化改造的任务。这就为准备去外企做管理工作的人员提供了很多机会。

三、行业环境分析和企业分析

1. 行业分析

本人所在××公司为跨国性会计事务所。属于管理咨询类企业。由于中国加入WTO，商务运作逐渐全球化，国内企业经营也逐步与国际惯例接轨。因此，这类企业在近年来引进中国后得到迅猛发展。

2. 企业分析

××公司是全球四大会计事务所之一，属股份制企业，企业领导层风格稳健，公司以"诚信、稳健、服务、创新"为核心价值观，十多年来稳步在全球推广业务，目前在全球十余个国家、地区设有分支机构。公司2010年进入中国，同年在上海设立分支机构。经营中稳健拓展业务的同时重点推行公司运作理念，力求与发展中的共同进步。本人十分认同公司的企业文化和发展战略，但公司事务性工作太过繁忙，无暇进行个人自我培训，而且提升空间有限。总体而言，作为第一份工作可以接触到行业顶尖企业的经营模式是十分幸运的，本人可能在本企业实现部分职业生涯目标。

四、个人分析与角色建议

1. 个人分析

（1）自身现状：英语水平出众，能顺畅沟通；法律专业扎实，精通经贸知识；具有较强的人际沟通能力；思维敏捷，表达流畅；在大学期间长期担任学生干部，有较强的组织协调能力；有很强的学习愿望和能力。

（2）测评结果（略）。

2. 角色建议

父亲：要不断学习，能力要强；工作要努力，有发展，要在大城市，方便我们退休后搬来一起居住生活。

母亲：工作要上进，婚姻不要误。

老师：聪明、有上进心、单纯、乖巧，缺乏社会经验。

同学：有较强的工作能力，适合做白领。

……

五、职业目标分解与组合

职业目标：著名外资企业高级管理人员。

1. 2021—2024 年

成果目标：通过实践学习，总结出适合当代中国国情的企业管理理论。

学历目标：硕士研究生毕业，取得硕士学位；取得律师从业资格，通过 GRE 和英语高级口译考试。

职务目标：外企企业商务助理。

能力目标：具备在经济领域从事具体法律工作的理论基础，通过实习具有一定的实践经验；接触了解涉外商务活动；英语应用能力具备权威资格认证；有一定的科研能力，发表 5 篇以上论文。

经济目标：在校期间兼职收入 1 万元；商务助理年薪 5 万元。

2. 2025—2026 年

学历目标：通过注册会计师考试。

职务目标：外资企业部门经理。

能力目标：熟练处理本职务工作，工作业绩在同级同事中居于突出地位；熟悉外资企业运作机制及企业文化，能与公司上层进行无阻碍地沟通。

经济目标：年薪 10 万元。

3. 2027—2031 年

学历目标：攻读并取得博士学位。

职务目标：著名外资企业高级管理人员，大学的外聘讲师。

能力目标：科研能力突出，在国外权威刊物上发表论文；形成自己的管理理念，有很高的演讲水平，具备组织、领导一个团队的能力；与公司决策层有直接流畅的沟通；具备应付突发事件的心理素质和能力；有广泛的社交范围，在业界有一定的知名度。

经济目标：年薪 25 万元。

六、成功标准

我的成功标准是个人事务、职业生涯、家庭生活的协调发展。

只要自己尽心尽力，能力也得到了发挥，每个阶段都有了切实的自我提高，即使目标没有实现(特别是收入目标)我也不会觉得失败，给自己太多的压力本身就是一件失败的事情。

为了家庭牺牲职业目标的实现，我认为是可以理解的。在 28 岁之前一定要有自己的家庭。

七、目前的差距

差距：

(1) 缺乏跨国企业先进的管理理念和丰富的管理经验。

(2) 缺乏作为高级职业经理人所必备的技能、创新能力。

(3) 快速适应能力欠缺。

(4) 身体适应能力有差距。

(5) 社交圈太窄。

八、缩小差距的方法

1. 教育培训方法

(1) 充分利用硕士研究生毕业前在校学习的时间，为自己补充所需的知识和技能。包括参与社会团体活动，广泛阅读相关书籍，选修、旁听相关课程，报考技能资格证书等。时间：2008 年 7 月以前。

（2）充分利用公司给员工提供的培训机会，争取更多的培训机会。时间：长期。

（3）攻读管理学博士学位。时间：五年以内。

2.讨论交流方法

（1）在校期间多和老师、同学讨论交流，毕业后选择和其中某些人经常进行交流。

（2）在工作中积极与直接上司沟通、加深了解；利用校友众多的优势，参加校友联谊活动，经常和他们接触、交流。

3.实践锻炼方法

（1）锻炼自己的注意力，做到在嘈杂的环境里也能思考问题、正常工作。在大而嘈杂的办公室里有意识地进行自我训练。

（2）养成良好的锻炼、饮食、生活习惯。每天保证睡眠 6～8 小时，每周锻炼三次以上。

（3）充分利用自身的工作条件扩大社交圈、重视同学交际圈、重视和每个人的交往，不论身份贵贱和亲疏程度。

范例二（表格样式）：

表格样式的职业生涯规划如表 3-17 所示。

表 3-17　表格样式的职业生涯规划

姓名		性别		年龄	
院校		学历		专业	
心态	事业方向				
	职业理想				
	人生观与价值观				
职业选择分析	知识经验盘点				
	天赋个性特点				
	外部环境分析				
	内部条件分析				
	SWOT 对策分析				

续表

职业目标	职业总目标	
	长期目标	
	中期目标	
	近期目标	
调整预案		
其他说明		

范例三(推荐):

<h3 style="text-align:center">××职业生涯规划</h3>

姓名：黄××

性别：男

出生年月：1996 年 6 月

在读院校：福建××大学

所读专业：生命科学(大三)

规划日期：2023 年 3 月

第一部分 我的事业与职业

1. 人生观与事业观

人生观——人生是有使命的,即学习—创新—教导。

事业观——事业推动科学发展,拥有事业是幸福的。

2. 事业愿景与方向

事业愿景——把毕生所学和感悟向世人分享,桃李满天下。

事业方向——教育。

3. 职业理想与总目标

职业理想——国内著名大学的优秀教授。

总目标——在 60 岁之前成为国内外著名的大学教授、博导。

第二部分　外部环境分析

1. 政治经济环境

中国经济的大历史节律，是三十年一个周期。从1949年建国到1978年改革开放，是第一个30年，师从苏联，经济发展采用苏联模式。从1978年改革开放，到美国2008年次贷危机，是第二个30年，这个周期，中国经济发展，师从美国，采用美国模式。目前所处的是第三个30年大周期的开端，在这个阶段，中国需要走出一个既非苏联模式也非美国模式的中国模式。

我认为，未来30年内，"中国经济，将势不可挡地从发财经济向老板经济转型。这个老板经济包括一整套的全球货币体系、全球贸易体系、全球政治体系和全球安全体系"。中国经济发展基本上不太会受到特别大的抑制和阻碍，"世界工厂"转变为"世界市场"，也就是从外贸型经济转变为内需型经济。

长远来看，推动中国经济演进的深层驱动力并非经济规律，而是大国间博弈的血火奔流。在排除再有巨大风险和危机发生的前提下，一个"中国梦"的新时代正在来临。对此，我是乐观的。

2. 行业发展趋势

根据社会学家和经济学家的预测，随着中国市场经济的发展和经济结构的调整，各行业在社会发展中的地位和发展潜力也在发生变化。像能源、机器人、生命科学、移动技术、互联网网络零售和社交媒体、物流和其他服务、健康服务、教育服务、航空等将得到蓬勃发展，并成为未来社会发展的主导产业。另外，在网络上也有各种各样的预测，但这些预测有一个共同点，就是都认为生命科学与教育服务是未来行业发展的选项之一。这一点与本人大学本科专业是吻合的，也为本人实现职业目标奠定了坚实的专业基础。

3. 职业发展状况

教育是一国的立国之本，是开化民智、普及知识的途径。基础阶段的教育目的在于识字，开启蒙之学；而高等教育则是系统掌握专业知识，钻研高深学问的方式。高等教育需要专门从事高等教育的人才，这就是大学教师。

（1）大学是一个国家担任高深学问、高端科技研究的场所所在，同时也是培养社会知识精英的地方。大学教师处于这个场所之中，身兼上述两种功能，是一个国家存在与发展所不可缺失的知识群体。

（2）大学教师作为社会中的知识精英群体，具有很强的科研能力、知识储备和思考能力，同时也具有受到认可的社会地位。大学教师在社会上已被认可为一个精英群体，受到社会的广泛尊重。

（3）在世界各地未来的发展道路上，知识始终是处于发展的核心，人才始终是竞争的必备条件，大学教师既是一个国家顶端的知识群体，同时又担负起培养国家后续人才的重担，因此，大学教师在未来的发展中将处于核心地位。综上所述，大学教师这一行业的发展前景将是非常之光明。

随着我国人才发展战略的实施，知识经济结构的形成，高校教师作为社会的人才与精英，其待遇、社会地位和自主权等各方面条件将会不断完善，不断变好，高校教师这一行业的未来将是充满着希望与朝气的。

4. 应聘企业的经营管理状况

本人目前尚在大学学习阶段，尚无意向单位邀约，这部分内容将在日后加以补充。

第三部分　自身素质分析

1. 我的职业态度

我认为，使命包含事业，事业包含职业，职业包含工作。履行使命、从事事业是无怨无悔的事情，可以不谈经济报酬，但职业和工作是社会经济运行的一个环节，因此谈报酬非常正常。

我认为，目前的我需要"供职于业"，这不仅仅是为了解决自身的生存问题，更重要的是解决家庭的正常运转问题，毕竟，生儿育女也是每个人的使命，抚养培育下一代需要参与社会分配。

我认为，报酬是客户对自己工作绩效（劳动成果）的肯定。较高的报酬可以让我衣食无忧、家庭圆满，从而让我更加专心地把工作做得更好，最终可以让更多人接受我对社会的贡献。

2. 知识经验盘点

知识经验盘点如表 3-18 所示。

表 3-18 知识经验盘点

知识类型	知识名称	有概念	有逻辑	有验证
科学知识	（1）大学必修课	√		
	（2）大学选修课	√		
	（3）自学心理学基础	√	√	
	（4）32 部世界名著	√		
	...			
业余爱好	（1）民族乐器（古琴）	√	√	√
	（2）水粉画	√	√	√
	（3）围棋	√	√	
	...			
经验类型	经验名称	1 年	2 年	3 年以上
工作经验	（1）创业大赛第一名	√		
	（2）院科技协会会员			√
	（3）某公司暑假实习	√		
	...			
生活经验	（1）自助旅游	√		
	（2）同学会组织		√	
	（3）家居装修设计	√		
	...			

3. 天赋个性测评结果（部分）

1）优势天赋

听觉——属于强的、责任型的、成功的听觉天分。在责任机制下，表现出很强的倾听能力，能理解语言背后的含义。善于学习，沟通顺畅。

视觉——属于强的、责任型的视觉天赋。在责任机制下，具有良好的观察能力，能以平常心客观完整地观察事物。在现实生活中有艺术鉴赏能力，整洁，喜欢旅游。

2) 优势情绪

惊怕——属于强的、责任型的、成功的惊怕模式。在责任机制下,对事物变化高度敏感,有时人为放大,能自然表现出很强的惊怕影响力,营造紧张氛围。有时紧张过度,求全责备,部分人难以接受。

喜乐——属于强的、责任型的喜乐模式。在有任务的情形下,对有利因素适度敏感。能表现出良好的喜乐感染力,沟通氛围自然融洽。富有爱心,乐观面对生活压力。

3) 统合能力

专注力:80分,思维清晰,有专注力,能静下来思考,不易被骗。

自控力:90分,常有幸福感,能很好地控制情绪,喜欢动植物,遇到困难积极寻找解决方案。

自信力:80分,有主见,能及时做出判断,会听取他人意见,能自己做出决定。

灵感力:80分,有灵感,可以想出解决方案,能展开联想,对于其中的道理能讲得通。

4. 大学教师职业符合度

如表3-19所示,平均符合度为98%;大学教师职业符合度为高度符合。

表3-19　天赋个性与职业符合度

素质	视觉	听觉	嗅觉	舌觉	触觉	意觉	喜乐	气怒	忧愁	惊怕	恐惧	悲伤
标准	B	B				B-	B		B-			B
测评结果	B	B+	B-	C	C+	B-	B	B-	C+	B+	C	B-
符合度	100%	100%				100%	100%		95%			95%

第四部分　现有资源分析

1. 家庭经济条件

(1) 住房一套,建筑面积为 70 m²,用于自住,无私家车。

(2) 家庭人口 4 人,其中劳动人口 1 人。

(3) 父亲平均月收入 8000 元。

(4) 经常接受祖辈捐助和政府(社区)困难补助。

综合评估结果:较差。

2. 现有人脉关系

现有社会关系集中在父亲这边,父亲作为企业管理咨询师,在教育界和企业界有一些人脉关系,但很少利用。

本人的人际关系主要是以往的同学关系,以及这些同学家长的人脉关系,也极少利用。

3. 父母与祖辈的期望

父母期望:成才,对社会有用、对国家有用、对人类有用。

祖辈期望:读书成才,报效国家。

4. 婚姻家庭设想

(1) 结婚年龄:35 岁左右。

(2) 生育年龄:婚后 1 年。

(3) 定居城市:随工作地点。

第五部分　SWOT 分析与决策

1. 优势、劣势、机会与威胁

(1) 优势:专业对口,职业符合度高,有强烈的事业心。

(2) 劣势:家庭经济条件差,人脉关系少,无教学工作经验。

(3) 机会:教育行业与教师职业依然受政府与社会推崇。

(4) 威胁:竞争对手多。

2. SWOT 组合对策

(1) 优势—机会(SO):优势明显,机会尚存,努力争取不放弃。

(2) 劣势—机会(WO):无资源可依,无捷径可走,只能靠自己。

(3) 优势—威胁(ST):直面竞争,敢于挑战。

(4) 劣势—威胁(WT):退一步,选择二流大学。

3. 决策平衡单

决策平衡单如表 3-20 所示。

表 3-20 决策平衡单

考虑方向	比重	考虑要素	加权	大学教授	工程师
基本身心需求	20%	(1) 工作地点、工作环境	5	5	4
		(2) 工作时间、休假时间	5	5	3
		(3) 工作强度、质量要求	5	5	4
		(4) 薪酬待遇、生活便利	5	4	5
人际交往需求	20%	(1) 社会环境、城市氛围	4	5	4
		(2) 企业文化、人际关系	6	4	4
		(3) 家族期望、父母期望	5	5	4
		(4) 圈子状况、交友机会	5	5	4
群体尊重需求	30%	(1) 创新环境与氛围	8	8	6
		(2) 创新资源与条件	8	7	6
		(3) 创新机制与机会	8	8	5
		(4) 创新成果与转化	6	4	6
自我实现需求	30%	(1) 成为门人(初级职称)	4	4	4
		(2) 成为达人(中级职称)	6	6	6
		(3) 成为专家(高级职称)	10	10	10
		(4) 成为大师	10	9	8
合计	100%		100	94	83

第六部分 职业发展目标与策略

1. 职业生涯目标与战略

职业生涯里程碑设计如表 3-21 所示。

表 3-21 职业生涯里程碑设计

时 间	年 龄	目标释义(成功标准)
第一个十年	23~32 岁	获得博士学位、讲师职业资格

续表

时　　间	年　　龄	目标释义（成功标准）
第二个十年	33～42 岁	获得教授职业资格，有研究成果
第三个十年	43～52 岁	获得博导职业资格，有育人成果
第四个十年	53～62 岁	获得终身教授资格

2. 十年职业发展目标

职业生涯第一个十年发展目标如表 3-22 所示。

表 3-22　职业生涯第一个十年发展目标

时　间	学位/职称	职位目标释义（成功标准）
第一年		获得中科院或华东师大研究生学习资格
第二年	硕士	获得教师资格证，以优异成绩毕业
第三年		毕业论文获奖
第四年	博士	科研成果获得国家级奖励
第五年		在著名杂志上发表学术论文
第六年	助教	担任部分科研工作
第七年		发表一定水平的学术论文、著作
第八年		在国内外刊物上发表高水平的论文 4 篇
第九年	讲师	完成 1 项新产品科技成果的转化
第十年		培养学生在省级以上比赛中获三等奖上

第七部分　策略调整与计划修订

1. 内外部变化的因素分析及对策

内外部变化的因素分析及对策如表 3-23 所示。

表 3-23　内外部变化的因素分析及对策

类　别	变 化 因 素	对　策
外部环境	(1) 国内政济发生重大变故	审时度势
	(2) 教育体制发生巨大变革	顺应变革
	(3) 就业政策发生变化	抓住机会
内部条件	(1) 家庭经济条件好转	出国留学
	(2) 家庭经济条件没有好转	勤工俭学
	(3) 婚育时间提前	规划顺延 1 年
内在素质	(1) 学习能力增强	博览群书
	(2) 创新能力增强	争取获得世界大奖
	(3) 教导能力增强	带领学生获奖

2. 规划书的修订与更新

(1) 每月阅读一次,及时更新或调整。

(2) 每年打印一次,交父母祖辈监督。

(3) 尽量把所有规划计划到季度或月份。

思　考　题

1. 阐述你的理想及其形成过程。

2. 选择你喜欢的一种职业,并预测其发展轨迹。

3. 对你的知识经验进行一次盘点。

4. 运用 SWOT 方法,全面分析你喜欢的职业。

5. 做一份自己的《职业生涯规划书》。

附录

一、帕森斯职业——人职匹配理论

帕森斯的特质因素理论又称帕森斯的人职匹配理论,特质因素论是最早的职业辅导理论,1909年美国波士顿大学教授弗兰克·帕森斯在其著作《选择一个职业》中提出了人与职业相匹配是职业选择焦点的观点,他认为:个人都有自己独特的人格模式,每种人格模式的个人都有其相适应的职业类型。

所谓"特质",是指个人的人格特征,包括能力倾向、兴趣、价值观和人格等,这些都可以通过心理测量工具来加以评量。

所谓"因素",是指在工作上要取得成功所必须具备的条件或资格,这可以通过对工作的分析而了解。

该理论认为人职匹配分为两种类型。

(1) 因素匹配(活找人)。例如,需要有专门技术和专业知识的职业与掌握该种技能和专业知识的择业者相匹配;脏、累、苦劳动条件很差的职业,需要有吃苦耐劳、体格健壮的劳动者与之匹配。

(2) 特性匹配(人找活)。例如,具有敏感、易动感情、不守常规、个性强、理想主义等人格特性的人,宜于从事审美性、自我情感表达的艺术创作类型的职业。

选择职业的三大要素或步骤如下。

(1) 评价求职者的生理和心理特点。通过心理测量及其他测评手段,获得有关求职者的身体状况、能力倾向、兴趣爱好、气质与性格等方面的个人资料,并通过会谈、调查等方法获得有关求职者的家庭背景、学业成绩、工作经历等情况,并对这些资料进行评价。

(2) 分析各种职业对人的要求(因素),并向求职者提供有关的职业信息。包括:

① 职业的性质、工资待遇、工作条件以及晋升的可能性。

②　求职的最低条件,诸如学历要求、所需的专业训练、身体要求、年龄、各种能力以及其他心理特点的要求。

③　为准备就业而设置的教育课程计划,以及提供这种训练的教育机构、学习年限、入学资格和费用等。

④　就业机会。

(3)　人职匹配。指导人员在了解求职者的特性和职业的各项指标的基础上,帮助求职者进行比较分析,以便选择一种适合其个人特点又有可能得到并能在职业上取得成功的职业。

特性因素强调个人所具有的特性与职业所需要的素质与技能(因素)之间的协调和匹配。为了对个体的特性进行深入详细的了解与掌握,特性因素论十分重视人才测评的作用,可以说,特性因素论进行职业指导以对人的特性的测评为基本前提。它首先提出了在职业决策中进行人职匹配的思想。故这一理论奠定了人才测评理论的理论基础,推动了人才测评在职业选拔与指导中的运用和发展。

二、霍兰德职业兴趣理论

约翰·霍兰德(John Holland)是美国约翰·霍普金斯大学的心理学教授,美国著名的职业指导专家。他于1959年提出了具有广泛社会影响的职业兴趣理论。认为人的人格类型、兴趣与职业密切相关,兴趣是人们活动的巨大动力,凡是具有职业兴趣的职业,都可以提高人们的积极性,促使人们积极地、愉快地从事该职业,且职业兴趣与人格之间存在很高的相关性。Holland认为人格可分为现实型、研究型、艺术型、社会型、企业型和常规型六种类型。

霍兰德的职业兴趣理论主要从兴趣的角度出发来探索职业指导的问题。他明确提出了职业兴趣的人格观,使人们对职业兴趣的认识有了质的变化。霍兰德的职业兴趣理论提出:兴趣是描述人格的另一种方法,是职业选择中一个更为普遍的概念。在霍兰德的理论中,人格被看作兴趣、价值、需求、技巧、信仰、态度和学习个性的综合体。就职业选择而言,兴趣是个体和职业匹配的过程中最重要的因素,霍兰德职业兴趣理论是最具影响力的职业发展理论和职业分类体系。

霍兰德的类型理论提供了一个重要的生涯辅导理念：把个人特质和适合这种特质工作联合起来。生涯辅导（简单说就是职业辅导）强调生涯探索，对自我能力、兴趣、价值以及工作世界的探索，巧妙地拉近了自我与工作世界的距离。借助霍兰德代码，当事人能迅速、系统，而且有所依据地在一个特定的职业群里进行探索活动。

借助于霍兰德的职业兴趣理论，可以让大学生和缺乏职业经验的人，做好职业选择和职业设计，成功地进行职业调整，从整体上认识和发展自己的职业能力，职业兴趣也是其职业成功的重要因素。

劳动者类型与职业类型对应表如表 1 所示。

表 1　劳动者类型与职业类型对应表

类　型	劳　动　者	职　业
现实型	（1）愿意使用工具从事操作性工作。 （2）动手能力强，做事手脚灵活，动作协调。 （3）不善言辞，不善交际	主要是指各类工程技术工作、农业工作。通常需要一定体力，需要运用工具或操作机器。 主要职业有工程师、技术员；机械操作、维修、安装工人、矿工、木工、电工、鞋匠等；司机、测绘员、描图员；农民、牧民、渔民等
探索型 （调研型）	（1）抽象思维能力强，求知欲强，肯动脑，善思考，不愿动手。 （2）喜欢独立的和富有创造性的工作。 （3）知识渊博，有学识才能，不善于领导他人	主要是指科学研究和科学实验工作。 主要职业：自然科学和社会科学方面的研究人员、专家；化学、冶金、电子、无线电、电视、飞机等方面的工程师、技术人员；飞机驾驶员、计算机操作员等
艺术型	（1）喜欢以各种艺术形式的创作来表现自己的才能，实现自身的价值。 （2）具有特殊艺术才能和个性。 （3）乐于创造新颖的、与众不同的艺术成果，渴望表现自己的个性	主要是指各类艺术创作工作。 主要职业：音乐、舞蹈、戏剧等方面的演员、艺术家编导、教师；文学、艺术方面的评论员；广播节目的主持人、编辑、作者；绘画、书法、摄影家；艺术、家具、珠宝、房屋装饰等行业的设计师等
社会型	（1）喜欢从事为他人服务和教育他人的工作。 （2）喜欢参与解决人们共同关心的社会问题，渴望发挥自己的社会作用。 （3）比较看重社会义务和社会道德	主要是指各种直接为他人服务的工作，如医疗服务、教育服务、生活服务等。 主要职业：教师、保育员、行政人员；医护人员；衣食住行服务行业的经理、管理人员和服务人员；福利人员等

续表

类　型	劳　动　者	职　业
企业型 (事业型)	(1) 精力充沛、自信、善交际,具有领导才能。 (2) 喜欢竞争,敢冒风险。 (3) 喜爱权力、地位和物质财富	主要是指那些组织与影响他人共同完成组织目标的工作。 主要职业:经理企业家、政府官员、商人、行业部门和单位的领导者、管理者等
传统型	(1) 喜欢按计划办事,习惯接受他人指挥和领导,自己不谋求领导职务。 (2) 不喜欢冒险和竞争。 (3) 工作踏实,忠诚可靠,遵守纪律	主要是指各类与文件档案、图书资料、统计报表之类相关的各类科室工作。 主要职业:会计、出纳、统计人员;打字员;办公室人员;秘书和文书;图书管理员;旅游、外贸职员、保管员、邮递员、审计人员、人事职员等

三、MBTI 职业性格测试

MBTI 人格理论的基础是著名心理学家卡尔·荣格先生关于心理类型的划分,作为一种对个性的判断和分析,是一个理论模型,从纷繁复杂的个性特征中,归纳提炼出四个关键要素:动力、信息收集、决策方式、生活方式,进行分析判断,从而把不同个性的人区别开来。这种理论可以帮助解释为什么不同的人对不同的事物感兴趣,擅长不同的工作,并且有时不能互相理解。

MBTI 人格共有四个维度,每个维度有两个方向,共计八个方面。分别是外向(E)和内向(I)、感觉(S)和直觉(N)、思考(T)和情感(F)、判断(J)和知觉(P)。

四个维度两两组合,共有十六种类型。以各个维度的字母表示类型,如下:ESFP、ISFP、ENFJ、ENFP、ESTP、ISTP、INFJ、INFP、ESFJ、ISFJ、ENTP、INTP、ESTJ、ISTJ、ENTJ、INTJ。

四个维度在每个人身上会有不同的比重,不同的比重会导致不同的表现,关键在于各个维度上的人均指数和相对指数的大小。

1. ISTJ

(1) 严肃、安静、借由集中心志与全力投入、及可被信赖获致成功。

(2) 行事务实、有序、实际、逻辑性强;能够根据成效做出决策;负责任;重视传统与忠诚。

（3）十分留意且乐于任何事（工作、居家、生活均有良好组织及有序）。

（4）负责任。

（5）照设定成效来做出决策，且不畏阻挠与闲言会坚定为之。

（6）重视传统与忠诚。

（7）传统性的思考者或经理。

2. ISFJ

（1）安静、和善、负责任且有良心。

（2）行事尽责投入。

（3）安定性高，常居项目工作或团体之安定力量。

（4）愿投入、吃苦及力求精确。

（5）兴趣通常不在于科技方面，对细节事务有耐心。

（6）忠诚、考虑周到、知性且会关切他人感受。

（7）致力于创构有序及和谐的工作与家庭环境。

3. INFJ

（1）因为坚忍、创意及必须达成的意图而能成功。

（2）会在工作中投注最大的努力。

（3）默默强力地、诚挚地及用心地关切他人。

（4）因坚守原则而受敬重。

（5）提出造福大众利益的明确远景而为人所尊敬与追随。

（6）追求创见、关系及物质财物的意义及关联。

（7）想了解什么能激励别人及对他人具有洞察力。

（8）光明正大且坚信其价值观。

（9）有组织且果断地履行其愿景。

4. INTJ

（1）具有强大动力与本意来达成目的与创意。

（2）有宏大愿景且能快速在众多外界事件中找出有意义的模范。

（3）对所承负职务，具有良好能力于策划工作并完成。

（4）具有疑心、挑剔性、独立性、果决，对专业水准及绩效要求高。

5. ISTP

（1）安静、预留余地、弹性及会以无偏见的好奇心与未预期原始的幽默观察与分析。

（2）有兴趣于探索原因效率与结果，致力于探索技术事件的原因与运作方式，并且能够使用逻辑的原理组构事实、重视效能。

（3）擅长于掌握问题核心及找出解决方式。

（4）分析成事缘由且能实时由大量资料中找出实际问题的核心。

6. ISFP

（1）羞怯的、安宁和善的、敏感的、亲切的，且行事谦虚。

（2）喜于避开争论，不对他人强加己见或价值观。

（3）无意于领导却常是忠诚的追随者。

（4）办事不急躁，安于现状无意于以过度的急切或努力破坏现况，且非成果导向。

（5）喜欢有自有的空间及照自订的时程办事。

7. INFP

（1）安静观察者，具有理想性与对其价值观及重要之人具有忠诚心。

（2）希望外在生活形态与内在价值观相吻合。

（3）具有好奇心且很快能看出机会所在，常担负开发创意的触媒者。

（4）除非价值观受侵犯，行事会具有弹性，适应力高且承受力强。

（5）具有想了解及发展他人潜能的企图，想做太多且做事全神贯注。

（6）对所处境遇及拥有不太在意。

（7）具有适应力、弹性除非价值观受到威胁。

8. INTP

（1）安静、自持、弹性及适应力。

（2）特别喜爱追求理论与科学事理。

（3）习于以逻辑及分析来解决问题——问题解决者。

（4）最有兴趣于创意事务及特定工作，对聚会与闲聊无大兴趣。

（5）追求可发挥个人强烈兴趣的生涯。

（6）追求发展对有兴趣事务之逻辑解释。

9. ESTP

（1）擅长现场实时解决问题——解决问题者。

（2）喜欢办事并乐于其中及过程。

（3）倾向于喜好技术事务及运动，交结同好友人。

（4）具有适应性、容忍度、务实性；投注心力会很快具有成效工作。

（5）不喜欢冗长概念的解释及理论。

（6）最专精于可操作、处理、分解或组合的真实事务。

10. ESFP

（1）外向、和善、接受性、乐于分享喜乐予他人。

（2）喜欢与他人一起行动且促成事件发生，在学习时亦然。

（3）知晓事件未来的发展并会热烈参与。

（4）最擅长于人际相处能力及具备完备常识，很有弹性，能立即适应他人与环境。

（5）对生命、人、物质享受的热爱者。

11. ENFP

（1）充满热忱、活力充沛、聪明、富想象力，视生命充满机会，但期望能得到他人肯定与支持。

（2）几乎能达成所有有兴趣的事。

（3）对难题很快就有对策，并能对有困难的人施予援手。

（4）依赖能改善的能力而无须预作规划准备。

（5）为达目的，常能找出强制自己为之的理由。

（6）即兴执行者。

12. ENTP

（1）反应快、聪明、长于多样事务。

（2）激励伙伴、敏捷及直言不讳专长。

（3）会为了有趣，对问题的两面加予争辩。

（4）对解决新的、挑战性的问题富有策略，但会轻忽或厌烦经常的任务与细节。

（5）兴趣多元，易倾向于转移至新生的兴趣。

（6）对所想要的会有技巧地找出逻辑的理由。

（7）长于看清楚他人，有智能去解决新的或有挑战的问题。

13. ESTJ

（1）务实、真实、事实倾向，具有企业或技术天分。

（2）不喜欢抽象理论，最喜欢学习可立即运用事理。

（3）喜好组织与管理活动且专注于以最有效率方式行事。

（4）具决断力、关注细节且很快做出决策——优秀行政者。

（5）会忽略他人感受。

（6）喜作领导者或企业主管。

（7）做事风格比较偏向于权威指挥性。

14. ESFJ

（1）诚挚、爱说话、合作性高、受欢迎、光明正大的——天生的合作者及活跃的组织成员。

（2）重和谐且长于创造和谐。

（3）常做对他人有益事务。

（4）给予鼓励及称许会有更佳工作成效。

（5）最有兴趣于直接及有形影响人们生活的事务。

（6）喜欢与他人共事，并且可以精确且准时地完成工作。

15. ENFJ

（1）热忱、易感应及负责任，具有鼓励他人的领导风格。

（2）对别人所想或需求会表达真正关切且切实用心去处理。

（3）能怡然且技巧性地带领团体讨论或演示文稿提案。

（4）爱交际、受欢迎、富同情心。

（5）对称许及批评很在意。

（6）喜欢带引别人，且能使别人或团体发挥潜能。

16. ENTJ

(1) 坦诚、具有决策力的活动领导者。

(2) 长于发展与实施广泛的系统以解决组织的问题。

(3) 专精于具有内涵与智能的谈话,如对公众演讲。

(4) 乐于经常吸收新知识,且能广开信息管道。

(5) 易生过度自信,会强于表达自己创见。

(6) 喜于长程策划及目标设定。

四、职业锚理论

职业锚理论产生于在职业生涯规划领域具有"教父"级地位的美国麻省理工大学斯隆商学院、美国著名的职业指导专家埃德加·H·施恩(Edgar. H. Schein)教授领导的专门研究小组,是在该学院毕业生的职业生涯研究中演绎成的。斯隆管理学院的44名MBA毕业生,自愿形成一个小组接受施恩教授长达12年的职业生涯研究,包括面谈、跟踪调查、公司调查、人才测评、问卷等多种方式,最终分析总结出了职业锚(又称职业定位)理论。

所谓职业锚,又称职业系留点。锚,是使船只停泊定位用的铁制器具。职业锚,实际就是人们选择和发展自己的职业时所围绕的中心,是指当一个人不得不做出选择的时候,他无论如何都不会放弃的职业中的那种至关重要的东西或价值观。个人进入早期工作情境后,由习得的实际工作经验所决定,与在经验中自省的动机、价值观、才干相符合,达到自我满足和补偿的一种稳定的职业定位。职业锚强调个人能力、动机和价值观三方面的相互作用与整合。职业锚是个人同工作环境互动作用的产物,在实际工作中是不断调整的。

职业锚问卷是国外职业测评运用最广泛、最有效的工具之一。职业锚问卷是一种职业生涯规划咨询、自我了解的工具,能够协助组织或个人进行更理想的职业生涯发展规划。

了解职业锚的概念,要注意以下几个方面。

(1) 职业锚以员工习得的工作经验为基础。职业锚发生于早期职业阶段,新员工已经工作若干年,习得工作经验后,方能够选定自己稳定的长期贡献区。个人在面临各种各样的实际工作生活情境之前,不可能真切地了解自己的能力、动机和价值观以及在多大程度上适应可行的职业选择。因此,新员工的工作经验产生、演变和发展了职业锚。换句话说,职业锚在某种程度上由员工实际工作所决定，而不只是取决于潜在的才干和动机。

（2）职业锚不是员工根据各种测试出来的能力、才干或者作业动机、价值观，而是在工作实践中，依据自省和已被证明的才干、动机、需要和价值观，现实地选择和准确地进行职业定位。

（3）职业锚是员工自我发展过程中的动机、需要、价值观、能力相互作用和逐步整合的结果。

（4）员工个人及其职业不是固定不变的。职业锚是个人稳定的职业贡献区和成长区。但是，这并不意味着个人将停止变化和发展。员工以职业锚为其稳定源，可以获得该职业工作的进一步发展，以及个人生物社会生命周期和家庭生命周期的成长、变化。此外，职业锚本身也可能变化，员工在职业生涯的中、后期可能会根据变化了的情况，重新选定自己的职业锚。

1978 年，美国施恩教授提出的职业锚理论包括五种类型：技术职能型职业锚、管理能力型职业锚、自主独立型职业锚、安全稳定型职业锚、创业型职业锚。当人们逐渐发现职业锚的研究价值后，越来越多的人加入了研究的行列。在 20 世纪 90 年代，又发现了三种类型的职业锚：服务型、挑战型、生活型职业锚。施恩将职业锚增加到八种类型，并推出了职业锚测试量表。

（1）技术职能型：技术职能型的人，追求在技术职能领域的成长和技能的不断提高，以及应用这种技术职能的机会。他们对自己的认可来自他们的专业水平，他们喜欢面对来自专业领域的挑战。他们一般不喜欢从事一般的管理工作，因为这将意味着他们放弃在技术职能领域的成就。

（2）管理能力型：管理能力型的人追求并致力于工作晋升，倾心于全面管理，独自负责一部分，可以跨部门整合其他人的努力成果，他们想去承担整个部分的责任，并将公司的成功与否看成自己的工作。具体的技术能力工作仅仅被看作通向更高、更全面管理层的必经之路。

（3）自主独立型：自主独立型的人希望随心所欲安排自己的工作方式、工作习惯和生活方式。追求能施展个人能力的工作环境，最大限度地摆脱组织的限制和制约。他们宁愿放弃提升或工作扩展机会，也不愿意放弃自由与独立。

（4）安全稳定型：安全稳定型的人追求工作中的安全与稳定感。他们可以预测将来的成功从而感到放松。他们关心财务安全,如退休金和退休计划。稳定感包括诚信、忠诚以及完成老板交待的工作。尽管有时他们可以达到一个高的职位,但他们并不关心具体的职位和具体的工作内容。

(5)创业型:创业型的人希望使用自己的能力去创建属于自己的公司或创建完全属于自己的产品(或服务),而且愿意去冒风险,并克服面临的障碍。他们想向世界证明公司是他们靠自己的努力创建的。他们可能正在别人的公司工作,但同时他们在学习并评估将来的机会。一旦他们感觉时机到了,他们便会自己走出去创建自己的事业。

(6)服务型:服务型的人指那些一直追求他们认可的核心价值,例如,帮助他人,改善人们的安全,通过新的产品消除疾病。他们一直追寻这种机会,即使这意味着变换公司,他们也不会接受不允许他们实现这种价值的工作变换或工作提升。

(7)挑战型:挑战型的人喜欢解决看上去无法解决的问题,战胜强硬的对手,克服无法克服的困难障碍等。对他们而言,参加工作或职业的原因是工作允许他们去战胜各种不可能。新奇、变化和困难是他们的终极目标。如果事情非常容易,它马上变得非常令人厌烦。

(8)生活型:生活型的人喜欢允许他们平衡并结合个人需要、家庭需要和职业需要的工作环境。他们希望将生活的各个主要方面整合为一个整体。正因为如此,他们需要一个能够提供足够的弹性让他们实现这一目标的职业环境。甚至可以牺牲他们职业的一些方面,如提升带来的职业转换,他们将成功定义得比职业成功更广泛。他们认为自己在如何去生活、在哪里居住、如何处理家庭事业,及在组织中的发展道路是与众不同的。

经过40多年的发展,职业锚已成为许多个人职业生涯规划的必选工具和公司人力资源管理的重要工具。在个人进行职业规划和定位时,可以运用职业锚思考自己具有的能力,确定自己的发展方向,审视自己的价值观是否与当前的工作相匹配。只有个人的定位和要从事的职业相匹配,才能在工作中发挥自己的长处,实现自己的价值。尝试各种具有挑战性的工作,在不同的专业和领域中进行工作轮换,对自己的资质、能力、偏好进行客观的评价,是使个人的职业锚具体化的有效途径。

五、舒伯的生涯发展理论

在职业上的发展是与其自身生涯、心理成长同步的。随着人生发展的阶段递增,人同时也经历了职业上的前进过程,我们把人在职业里程中变化显著的时期称为"职业上的发展阶段"。对人生职业阶段研究最为显著的学者是美国的舒伯,他提出了职业上的"人生阶段论"。在这一论说中,舒伯对人的职业发展过程,提出了以成长、探索、确立、维持、衰退为中心的五个阶段模型。

1. 成长阶段

(1) 年龄范围:0～14岁。在此阶段,通过家庭和学校中关键事件的影响及建立认同,儿童的自我概念会逐渐得到发展。在该阶段的早期,需要和幻想占统治地位,随着参与社会和对现实了解的深入,兴趣和能力变得更加重要。

(2) 主要任务:逐渐认识自己是什么样的人,同时对工作和工作的意义有初步的理解。

(3) 阶段分期:舒伯进一步把成长阶段划分为三个时期。

① 幻想期(4～10岁)。在该时期,需要占统治地位,在幻想中扮演自己喜爱的职业角色。

② 兴趣期(11～12岁)。在该时期,个人喜好成为职业期望及其活动的主要决定因素。

③ 能力期(13～14岁)。在该时期,个人开始更多地考虑自己的能力及工作要求。

2. 探索阶段

(1) 年龄范围:15～24岁。在此阶段,个人开始通过学校学习、业余活动和短期工作进行自我考察、角色鉴定和职业探索。

(2) 主要任务:探索各种可能的职业选择,对自己的能力和天资进行现实性评价,并根据未来的职业选择做出相应的教育决策,完成择业及最初就业。

(3) 阶段分期:

① 尝试期(15～17岁)。个人对兴趣、需要、能力、价值观以及就业机会等因素都有所考虑,并通过幻想、讨论、课外工作等方式,进行择业的尝试性选择,判断可能适合自己的职业领域和层次。尝试期的主要任务是明确自己的职业偏好。

② 过渡期(18～21岁)。青年进入劳动力市场或经过了专门的职业培训,更多地考虑现实因素并将其纳入对自我的认知。过渡期的主要任务是明确自己的职业倾向。

③ 试行期(22~24 岁)。已发展出一个大体上适合自己的职业,开始从事第一份工作并试图将其作为自己可能的终身职业。这个时期的承诺仍然是暂时的,如果第一份工作不适合自己,个人可以重新进行选择。该时期的任务包括实现一种职业倾向,发展一种现实的自我认知,了解更多的机会。

3. 确立阶段

(1) 年龄范围:25~44 岁。在此阶段,个人已经找到了一个合适的职业领域,并努力持久地保持下去。以后发生的变化将主要是职位、工作内容的变化,而不是职业的变化。

(2) 主要任务:发现自己喜欢从事的工作的机会;学会与他人相处;巩固已有的地位并力争提升;使现有职位得到保障;在一个永久性的职位上稳定下来。

(3) 阶段分期:

① 承诺和稳定期(25~30 岁)。个人在自己所选择的职业上安顿下来,并确保一个相对稳定的位置。

② 提升期(31~44 岁)。对于大多数人来说,这是一个富有创造性的时期,个人在工作中做出好的业绩,资历也随之加深。

4. 维持阶段

(1) 年龄范围:45~64 岁。由于该阶段的个人已经在自己的工作领域中取得了一定的地位,需要考虑的主要是如何维持目前的地位并如何继续沿着该方向前进,而很少或不去寻求在新领域中的发展。

(2) 主要任务:接受自己的缺点;判断需要解决的新问题;开发新技能;致力于最重要的活动;维持并巩固已获得的地位。

5. 衰退阶段

(1) 年龄范围:65 岁以后。随着体力和脑力的逐步衰退,工作活动的变化也将停止。该阶段的个体必须完成角色的转换,从有选择的参与者转化为完全退出工作领域的旁观者。退休后,个体还必须找到满意感的其他来源。

(2) 主要任务:发展非职业性角色;做自己期望做的事;缩减工作时间。

参 考 文 献

[1]　陈磊,张晓敏,黄利梅,等.大学生职业发展教育[M].重庆:重庆大学出版社,2018.

[2]　崔正华,付腊平,郭帆.大学生职业生涯规划与士官职业发展指导[M].南京:南京大学出版社,2018.

[3]　王长青.大学生就业创业指导[M].南京:南京大学出版社,2017.

[4]　王长青.大学生职业生涯规划与发展[M].南京:南京大学出版社,2017.

[5]　胡楠,郭冬娥,李群如,等.大学生职业规划与就业指导教程[M].北京:人民邮电出版社,2017.

图书资源支持

感谢您一直以来对清华版图书的支持和爱护。为了配合本书的使用,本书提供配套的资源,有需求的读者请扫描下方的"书圈"微信公众号二维码,在图书专区下载,也可以拨打电话或发送电子邮件咨询。

如果您在使用本书的过程中遇到了什么问题,或者有相关图书出版计划,也请您发邮件告诉我们,以便我们更好地为您服务。

我们的联系方式:

地　　址：北京市海淀区双清路学研大厦 A 座 714

邮　　编：100084

电　　话：010-83470236　010-83470237

客服邮箱：2301891038@qq.com

QQ：2301891038（请写明您的单位和姓名）

资源下载：关注公众号"书圈"下载配套资源。

资源下载、样书申请

图书案例

书圈

清华计算机学堂

观看课程直播